The dialogues of Gregory the Great

Timothy Cloran, Pope Gregory I

Nabu Public Domain Reprints:

You are holding a reproduction of an original work published before 1923 that is in the public domain in the United States of America, and possibly other countries. You may freely copy and distribute this work as no entity (individual or corporate) has a copyright on the body of the work. This book may contain prior copyright references, and library stamps (as most of these works were scanned from library copies). These have been scanned and retained as part of the historical artifact.

This book may have occasional imperfections such as missing or blurred pages, poor pictures, errant marks, etc. that were either part of the original artifact, or were introduced by the scanning process. We believe this work is culturally important, and despite the imperfections, have elected to bring it back into print as part of our continuing commitment to the preservation of printed works worldwide. We appreciate your understanding of the imperfections in the preservation process, and hope you enjoy this valuable book.

THE DIALOGUES OF GREGORY THE GREAT

TRANSLATED INTO

ANGLO-NORMAN FRENCH BY ANGIER.

BY

TIMOTHY CLORAN.

STRASSBURG
PRINTED BY J. H. ED HEITZ (HEITZ & MÜNDEL)
1901.

BR
65
G56
C5

163582

PROFESSOR GRÖBER

IN GRATEFUL REMEMBRANCE.

I. THE TEXT.

Paul Meyer in the Romania (Vol XII, pp. 145—208) has published the text of the Life of Saint Gregory, with the chief facts concerning the manuscript, the language, and the translator We here repeat in substance Meyer's description of the manuscript and some biographical details.

The manuscript consists of 174 leaves of parchment of which the pages are ruled for two columns of 36 lines[1] each. It belongs to the national Library in Paris and bears the number 24766 of the "fonds francais". Before the fusion of the different collections of the library it bore the number 1382 among the manuscripts which came from the Sorbonne Library.[2] It is not mentioned in the catalogue of the Sorbonne which was made in the year 1338 and which Delisle has published in his great work "Cabinet des manuscrits". It contains the translation in verse of the dialogues of Saint Gregory (leaves 2—151) followed by the translation of the Life of Saint Gregory.

---

[1] The number of lines in each column varies from 36 to 37 lines, a few colums have 38 lines

[2] The number 1382 is found on leaf 2b On the first leaf, which is otherwise blank, is a brief fragmentary notice in modern French, giving the name of the author and the subject matter of the work

The translator of these two works makes himself known at the end of each of them in these words:

Explicit opus manuum mearum quod complevi ego frater A. subdiaconus, Sancte Frideswide servientium minimus, anno verbi incarnati . M°. CC. XII° , mense . XI°., ebdomada . IIIIa. feria . VIa. in vigilia sancti Andree apostoli, anno conversionis mee . VII°., generalis interdicti per Angliam anno [. Va.], ad laudem et honorem Domini nostri Jhesu Christi, qui cum Patre et Spiritu Sancto vivit et regnat Deus, per infinita secula seculorum. Amen.

At the end of the Life of Gregory (Leaf 174) he says:

Istud complevi conversionis mee anno IX°, sacerdocii II°, in Vigilia Apostolorum Philippi et Jacobi.

He asks (151 b 1—) his readers to pray for the translator Angier. He finished the translation of the dialogues November 29, 1212, and the translation of the Life of Gregory April 30, 1214. He was a monk[1] of Saint Frideswide, who was the patron saint of Oxford. The name of Angier is not common either in England or on the continent. A Peter Angerius (or Angerii), prior of Archiac is found in the "Rotuli litterarum patentium", I, 111, in the year 1214, and an Angerus, in the "Rotuli Chartarum in turri Londinensi asservati" (p. 94), in the year 1212. Meyer makes known Angier and his work for the first time. Angier is a pietist lamenting the

---

In addition to these details taken from Meyer's Introduction, we call attention to the passages which throw light upon his intellectual pursuits. He quotes Horace (33c 14) and Ovid (63b 18). He interpolates the names „Galien" and „Ypocras" (62b 32, 55a 33). In a digression he dilates on the allopathic treatment of diseases (62b—63b). He must have been acquainted with secular literature: v 9c 29—, 10a 33—.

wickedness of the world and decrying the popularity of secular literature (9 c 21—36). His style is prolix. He translated the dialogues not for clerks, who could read Latin, but for the Laymen whom he desired to edify.[1] The work of Angier is especially valuable to philologists, since the time and place of composition are definitely given. The value of the work of Angier increases still more, if we admit that the manuscript is the author's autograph. Meyer considers it impossible to express an opinion with absolute confidence in this respect, but thinks it probable that it is the autograph of Angier.

The words "explicit opus manuum mearum" clearly indicate the mechanical work of the copyist.

Angier, after having made the first draught of his translation of the dialogues, made a clean copy of the same which he signed and dated. Eighteen months later he added to the manuscript the translation of the Life of Gregory which he also dated in a manner precise. My hypothesis is, says Meyer, that we have this "mise en net" executed by Angier himself. The chirography is of the first half of the thirteenth century. The science of paleography does not enable us to determine a more definite date. The colored initials are alternately green and red (125—143). Elsewhere they are blue and red. It is known that green capitals are hardly found in the manuscripts after the first years of the thirteenth century. If the manuscript of the Sorbonne was a copy of the autograph of Angier, we should expect the two works to follow each other without interval. But this does not occur. The "Dialogues" end in the second column of leaf 151, which is next to the last leaf of a "cahier".

---

[1] v. 9d 34—

The back of leaf 151 and the following leaf are left blank. The Life of Gregory commences in a new "cahier" on leaf 153. Evidently the copy of the Dialogues formed a manuscript in itself, when the manuscript containing the Life of Gregory was added in the year 1214. This is not all. It can be shown that there is between the execution of the copies of the two works a certain interval of time, a circumstance strengthening the hypothesis that we have the autograph of Angier. Certain details in the first work differ from those in the second: thus in the Dialogues there are almost always on certain letters red accents, while in the Life of Gregory on the same letters only the black accents occur. That which in addition strengthens the theory that the manuscript is the autograph of Angier is the extreme correctness of the text which is all the more remarkable as it is less frequent in the manuscripts executed in Great Britain The errors are very rare and insignificant and such as an author would naturally make in recopying his work.[1] Such are the details and conclusions which Meyer presents. We now present some supplementary details. The handwriting of both works is undoubtedly the same, as Meyer has already remarked. As one turns the leaves of the manuscript, the chirography of the Life of Gregory appears dim in comparison with that of the Dialogues. In the dialogues oi (= a + Romanic i) is not infrequent. This oi is not found in the Life of Gregory. Ai for Vulgar Latin e or e + i occurs occasionally in the Dialogues but in the Life of Gregory this ai is very rare. In the Dialogues the corresponding Latin on the margins of the last 20

---

[1] Meyer in his text of the Life of Gregory rarely emends the manuscript In the Dialogues there is a very noticeable absence of passages in which the meaning is disturbed

leaves is frequently marked with horizontal strokes in black or red. It is difficult to imagine that any other person than the author crossed out the Latin. In the first draught we may assume that the accents were not employed. In the "mise en net" Angier wrote the black accents. Afterwards he made a cursory revision, correcting in red the misspelled words, restoring in some cases the inflexional s, but confining his attention largely to supplementing the black with red accents. We may be confident that this theory is trustworthy. The red accents are hastily written and in form are irregular and long, while the black accents are shorter and more regular. This is just what we would expect in a revision. A copyist would not have done this, he probably would have used only the black accents. A remarkable fact is the absence of the revision[1] in the Life of Gregory. On the first leaves of the manuscript the red accents are lacking. A translation of the "Veni Creator" stands at the head of leaf 2 as an invocation. It consists of 32 decasyllabic lines in the form of quatrains, separated by the corresponding Latin. The rimes are mostly masculine, only 8 being feminine (a a a a). We here publish the text of the same:

>   Vien, Seint Espirt, li nostre créators,[2]   1
>   Visite les quers de tes servitors,
>   Emplis de la grace de tes amors
>   Les piz, les quels crias, des peccheors,

---

[1] There is only one red accent in the Life of Gregory (172 c 21). A number of corrections have been made in red.

[2] As the words which are abbreviated are also found written with all their letters, few difficulties arise (Rom XII, 151). R preceded or followed by a, e or u is often abbreviated. Since u and i are always employed for the consonantal u and i as well as the vocalic u and i, we have substituted, following Meyer, v and j for the consonants Q, as well as qu, represents the sound k. In the selections, which we here present, punctuation and the apostrophe have been introduced.

Qui conseillers es diz e avoué,   5
Dons parmenables del autisme Dé,
Fontaine vive e feus de charité,
Esperitale onction es nomé

Tu en tes dons es apelez serein,   9
Deis demostrers de la Deu destre mein,
Tu, segon la promission parrein,
Tes sers espires del Deu sarmon sein.

Espren noz sens, de feu espiritable,   13
Nos quers esrouse d'amur charitable
Les enfertez des cors, tant feble e lable,
Conferme, Deus, de vertu pardurable.

Noz enemis plus loing de nos enchace,   17
De ta peis, Deu, tantost nos done espace,
Q'eschivre pussons par ta seinte grace
Quanqe nos nuist e quanq'a tei desplace

Par toi, sachons'co, nos donges lu pere,   21
Par toi lu fiz, qui est nostre salvere,
Puessons qenoistre e toi, sanz fin regere,
Creire, esperit d'Amdui nostre Criere

Los e gloire seit al pere e al fiz   25
Ensemblement od lu seint esperiz
Si nos trametge, as granz e as petiz,
Li filz les dons del seint espirt meriz.

Adis les quers sacrez de tes amis   29
De ta grace e de t'amour replenis,
Ors nos pardone quanq'avons mespris
E done tens peisible a nos chaitis.

Explicit Invocatio.

Incipit Oratio ad Trinitatem.   1 2 c

Beau Sire Deus, Rois glorious autisme,   1
Qui uns e trins parmeinz en tei meisme,
Treis persones une sustance entrisme,
Qui formas ciel, terre e mer e abisme;

Tu pere e filz e seinz espirz es dit,   5
Omnipotent, un deu sanz contredit,
Qui soul aoure, sert, crient e cherit
Eu creatures quanque moert e vit.

En tei sont bones totes¹ creatures, 9
Ja seit q'en soi soient meintes non pures,
Car bones sont, en quant sunt tes faitures,
Nis les males en soi pleines d'ordures.

Tu reveiles les seintes escritures, 13
Qui tenebroses erent e oscures,
As queles nos esmundes e escures
Par tes avis, qui de nos ont les cures.

Ta nuble² ploet e reluist tis soleilz 17
Sour mescreanz ausi com sor fedeilz.
Mais veirement tes seinz secrez conseilz
Ne set nuls oem fors a qui les reveilz.

Tu par ta pure propre poesté 21
De dures roches les filz Abrahé
Resuscites quant a ta volenté
Les peccheours attreiz a charité

Tu cels, qui pas ne sont, apelz a toi, 25
Ausi com cels qui sont parfiz en foi
Soul por itant, Sire, einsi com jo croi,
Qe nuls ne soi puesse afier en soi,

Tu cels, qui bons pareissent a la gent, 29
Damnes par digne e juste jugement
E de rechief ceus, qui de damnement
Pareissent digne, attreiz a sauvement

E neporquant onc nuls n'ert tant hardi, 33
Qui t'osast dire, porquoi fais einsi,
Car veirement ben savons tot de fi
Qe quanqe fais est dreiz en ta merci

Tu par ta seinte saive sapience
Chasqun juges segon sa conscience,
Encontre qui fols est chasqun qui tence,
Folie sens, non savance escience.

Tu fais les sorz oïr, les muz parler,
Les fous saives, les avoegles voier,
Les contraiz dreiz, les morz resusciter,
Tu poez trestotes enfertez saner.

---

¹ Ms. tote
² Ms. nubbe

Quanqe voelz fais, partot n'i a qil nie, 9
Qui des almes e des cors es veir meie,
Car en ta mein est la mort e la vie
De quanq'al munde est vif en ta baillie

Toi soul aoure, tei reqierc, tei depri, 13
Beau Sire Deus, q'aies de moi merci
E tes vertuz me donges dire issi
Qe vertuous soie, q'en toi m'afi

Ne regarder pas, Sire, mes pecchiez,
Dom tant par sui encombrez, empeschiez,
Mais ta merci par qui soie espurgiez,
Tant qe tis nons seit en mei essauciez.

Tu qui as mis en mon quer lu desir 21
De purement toi ameir e servir,
Fai moi de bouche si tes vertuz gehir
Q'en bones œvres les puesse acomplir

E si te plaist, omnipotent cher Sire, 25
Toz ceus qui les voudront oir ou lire
De tes vertuz e de ta grace espire
Q'is les pussent sivre e eschiveir t'ire

Incipit Introductio in Librum sequentem. l. 3 a

Qui qe tu soies, lais ou clerz,
Qui de vertuz essamples querz,
Signe miracle, moralité
Por traire t'alme a sauveté,
Icest men document retien 5
S'en avras prou e feras bien,
Car sans labor e sanz delai
Quanq'as mestier t'enseingnerai.
Icest livre present lirras,
Ou trovras quanqe desirras 10
De sens, de mours e de vertu
Od quanq'apent a ta salu.
Si ne soies pas en arveire
De quanq'i trovras escrit creire,
Car veirement cil l'endita 15
Qui li seint espirz espira
Co porras par l'escrit aprendre,
Si de tot quer i voelz entendre,

Q'onc ne fust taus ne tant profit
Si nel feist seint esperit, 20
E si seit qe n'aies laisir
De lu parlire ou paroir,
Cest conseil feras soulement,
Sil savras tot a ton talent
Des presenz chapitres notez, 25
Si com en ordre sont nombrez
Quelqe tu voudras eslirras
E pues el livre lu querras,
Pues quant lu chapitre esleu
Avras parlit e entendu, 30
Si bien te siet e il te plaise
E ensemble as loisir e aise,
Tot en meisme la maniere
Un autre chapitre regierc
Porras eslire e porvoier, 1 3 b 35
Dont ton quer puesses apaier
Einsi trovras legierement
Sanz tei grever tot prestement
Quanqe te plaist oir ou lire,
Quel ore tis quers lu desire 5
E si tis sens tant par est durs
Qe li Latins lui seit oscurs,
En Romanz en la marge escrit
Trovras quei li chapitre dit,
Einsi q'apertement verras 10
Tot mot a mot e pas por pas,
Quanqe tu querz, sanz destorber,
A ton cors e t'alme sauver.
Por co te lou, qui qe tu soies,
Icest conseil qe tu le croies 15
E co qe creiz mostres en fait,
Car mar a conseil qui nel creit.

Angier arranges in parallel columns the Latin and French headings of all the chapters of the four books of the Dialogues (Leaves 3c—8b). These headings often vary in wording from those found in the Latin text edited by W. Förster. In Angier's translation, Book I contains 35 chapters; Book II, 39 chapters, Book III, 38 chapters and Book IV, 60 chapters. In Förster's text the first book contains 12 chapters, the second 39, the third 38, and the fourth 62 chapters.

In the second column of Leaf 8 at the close of the index of the headings is written this prayer:

"*Indulgentiam nobis, Domine, beata Frideswida Virgo imploret que tibi grata semper extitit, et merito castitatis et tue professione virtutis, per Christum.*" Meyer who publishes this prayer (Rom. XII, p 193, note 1) is of the opinion that it must have been written toward the end of the thirteenth or at the beginning of the fourteenth century at Sainte-Frideswide.

The back of leaf 8 is blank.

Incipit Prefatio Fratris A. in Librum Dialogorum beati Gregorii.

Qui autre en droite voie ameine, l. 9 a 1
Sil fait droit son chemin demeine,
E qui met fors de droite voie
Son proesme, icil asez forvoie,
Qui q'onqes autrui proeu avance, 5
Cil fait le soen bien sanz doutance,
Car l'en dit: „Qui por autrui ore,
Por soi meisme asez labore"
E qui autrui par mal agueit
Trahist ascient e deceit, 10
Cil fait a soi meisme ennui,
Droiz est mal eit qil fait autrui.
Qui autrui voelt edefier,
Soi meisme entent heriter,
Car qui a autre en bien profite, 15
Molt li rent deu bien sa merite.
E sovent soi meisme empiege
Icil qui fait a autrui piege,
Car molt voi avenir sovent
Qe meint hoem de son laz se pent, 20
Donc est li proeu tot asez mien
Quanqe mon proesme faz de bien.
E d'autre part moie est la perte
Si mal li faz sanz sa deserte

Mais li saive sa perte fuit 25
E li fol la prent en deduit
Li saive son sen multeplie
E li fol acraest sa folie.
Or entendon al sen, jol lou, 30
Si puesson amender le fou,
Car qui q'onc voelt le fou reprendre,
Molt li covient a sen entendre.
Sens semble a aveir parigal
E compaignon en un estal,
Car sens par avoir est apris 35
E avoir par sens est conquis b
Hoem, qui est sage marcheant,
Son avoir craest en despendant,
Car quant plus despent en son proeu,
Plus li est sis avoir croeu;[1] 5
E hoem, qui bien e largement
Son sen e son savoir despent,
Plus li craest e plus i gaaingne,
Car miez le set quant plus l'enseingne.
Avoir souz terre empire tost 10
E sens s'en fuit, s'il est rebost;
Avoir, quant l'en le baille, amende
E savoir voelt q'oem le despende,
Avoir, quant est perdu, revient
E sens perist, s'oem trop le tient 15
Donc est li sens miez retenuz,
Quant largement est despenduz.
Neporquant ne di pas de veir
Q'avoir vaille tant com saveir,
Car avoir fuit, savoir remaint 20
Boer nasquit qui savoir encaint.
Sens est noble possession,
Qui plus croist quant plus vient en don,
E por ço fait plus a cherir,
Quant par nul guast ne poet perir 25
Por tant deust chasquns hoem sage
Son prou faire e son avantage,
Tant com Deus li offre sa grace
E done sen, tens e espace;
Car sovent avient par deserte, 30
A qui guaaingner ne voelt, perte,

---

[1] Observe the rime of proeu § 47. cf 32 d 15— 32 d 22, 33 a 17—.

Si com droiz est q'oem dirre soelt·
"Perte eit qui gaaingner ne voelt"
Hoem, qui saive est, pas ne porloingne
De faire en son tens sa besoingne. 35
Car, qui son prou ne fait, quant poet,
Ne la fera pas, quant il voet
Mais marcheanz sont molt divers· c
Li uns est francs, li autre sers,
Li uns dedenz, l'autre defors;
Li uns del alme, l'autre del cors,
Li uns fait tresor temporal 5
E li autre celestial,
A l'un est sis tresor durable,
A l'autre veins e feible e lable
Molt par est donc fel tricheour,[1]
Qui vent le pis por le meillour. 10
Car molt est plein de tricherie
Qui por lanterne vent vessie,
E cil rest trop fol marcheant
Qui a son oes le meins vaillant
Eslit, car molt est nice e vain 15
Qui prent la paille e laist le grain.
Por tant est bien q'oem sache eslire
Le bien del mal, car l'en selt dire·
"Fous est qi se prent en sa' fin
Al sauze e guerpist saint Martin" 20
E neporquant por voir le di :
Plus est hui icest jor vi
Cil qui enseingne vanite,
Menconge e fable e falseté,
Qe cil qui enseigne le voir, 25
Moralité, sen e savoir,
Car vanité est escoutée
E verité est reboutée.
Les fables d'Artur de Bretaigne
E les chansons de Charlemaigne 30
Plus sont cheries e meins viles
Qe ne soient les Evangiles.
Plus est escouté li juglere
Qe ne soit saint Pol ou saint Piere
E plus est hui cest jor li fol 35
Oiz qe saint Pierre ou saint Pol.

---

[1] 9 v. Meyer (p. 183, note).

— 13 —

Li fous a partot compaignie,
Li sage est soul e sanz aie,   d
Li fous est chier, li sage est vil,
Encontre un sage a des fols mil.
Mais por ço ne doit pas cesser   5
Li saive des fous chastier,
Car adevient si avendra
Q'aucun sevels s'en amendra.
E ja soit qe nuls ne s'ament,
Ja por ço meins louier ne prent,   10
Car Deus, qui est droit jugeour,
A chascun rent son droit labour
E por tant cil, qui sages est,
Son sen moustrer toz tens est prest,[1]
Car sages ne seroit il pas   15
S'il fust de sa science eschas.
Mendifs paestre, nuz revestir,
Raindre prisons, emferms garir[2]
Oevres sont de misericorde,
Mais cele, qui plus tost acorde   20
Le pecchierre a son creatour,
Ço est amender le peccheour.
Totes oevres de pieté
Sourmonte soule charité,
Mais de trestotes est la maire   25
Le peccheour de pecchie traire.
Seingnors e dames, laie gent,
Iceste acheison, meismement
Me constraint a la chose enprendre,
La quele a peine pues entendre.   30
Charité me fait commencer,
Comment qe soit del achever,
Od le mien e l'autrui besoing
Ço q'ultre ma vertu est loing
Car a nostre commun profit   35
Translater voeil un seint escrit[3]
Del Latin en lange romaine

---

[1] Ms. totens, cf 11a 8.

[2] Ms. raindre cf Por son fiz raindre de prison 64 b 15; raindre (in margin) is a synonym of quiter 148 a 26, rainst 66 b 24, raindre rimes with remaindre 64 a 13; reindre rimes with esteindre 42 d 13 = lat redimere (Godefr raembre)

[3] Ms tranlater.

Qui plus est entendable e saine
A cels qui de sainte escriture
N'entendent pas la lettre oscure.
Ne me doit estre a mal torne
Si di co q'autre a composé. 5
Car qui ne poet en soi trover
Dom altre ou soi puesse amender,
Salve est e cointe e giant s'en fait,
Si il de son meillor la crait
N'est de Rollant ne d'Olivier,
— Ne vos soit ja por co meins chier, — 10
Ainceis est de vertuz des sainz
Li livre e, sachez, n'est pas fainz
Ne trait de fause vanité,
Mais tot est pure verité,
D'ico pues bien ma foi plevir, 15
Cil, qui le fist ne pot mentir
Q'il le fist par seint esperit
Qui onc a nuli ne mentit.
Ne vos doi pas celer son non,
Car molt par est de grant renom; 20
Co est li pape saint Gregoire,[1]
De seinte iglise flour e gloire.
Li livre est molt auctorizez,
Par totes terres renomez,
Clamez est as vals e as hoges 25
Li seint livre des dialoges.
Or vos dirrei qe co espeaut,
Por q'oem le livre issi apeaut:
Dialoge est veraiement
Entre deus fez li parlement, 30
Quant uns respont e autre oppose.
Guaranz en truis d'iceste chose
Clers, devins e gramariens
E les dialecticiens;
Meimement cels qui de lor non 35
Entendent l'intrepreteison.
Les persones nomer redoi
Entre quels est la dite loi
Del dialoge avant nomé;
Molt par est chasqun renomé.
Pierres a nom li opposant,

---

[1] Ms la pape

Delacre en ordre, a Dé pleisant,
E cil, qui sout est saint Gregoire,[1]
Qui des vertuz fait la memoire.
Quanq'il en dit, par raison proeve,
Qui la merveille nul ne moeve,
Par demonstrance espresse e certe
La verite foit tote aperte
E totes les doutances sout.
E por co soulement me plout
De totes les vertuz les titres
Destincter par divers chapitres
E nis le nom de la persone,
La ou l'une l'autre araisone,
De diverses colours noter,
Car tost porreit li litre errer
S'il n'eust sein qui li moustrast
Quoi de quoi, qui vers qui, parlast.[2]
Li volume est de grant matire,
Mais, por co qu'il ne fust a lire
Grejous e por ennui abatre,
Le partit saint Gregoire en quatre
Por tant, si deu me done vie,
Le chief de chasqune partie
E la fin vos esclarzirai,
Mais tant des envious bien sai
Q'a lour poueir mal me querront
Ja deu le poueir ne lor dont
Qe il me puessent destorber.
Le bien destraire e depraver
Lour otrei, co est lour mestier,
Mais ja miez ne me poet vengier
De soi li envious felon
Qe soi tuer de son baston
Envious soi meisme ronge
Premerement e pues voonge
Sour autrui tote sa malice.
Or face donqes son office.
Car s'il deust crever ou fendre,
Ja por lui ne lairrai emprendre
Co qe Deus m'a mis en courage,
Quel q'oem m'en tienge fol ou sage.
E neporquant bien sai de voir

Qe jo n'ai pas tant de savoir,   10
Com avendroit a tel afaire,
Mais sovent ai oi retraire
Qe Deus avance les hardis
D'autre part bien sui cerz e fis
Qe cil, qui fist parler l'asnesse,   15
Poet en moi emplir sa pramesse,
Cele qe li prophete dit,[1]
Davi, que le psautier escrit.
"D'Egypte", fait s'il, "t'amenai,[2]
Oevre ta bouche si l'emplirai"[3]   20
Aillours nos redit el psautier
Icil meismes messagier:
,,Delite toi en nostre Sire[4]
S'avras quanqe tis quer desire,
Foi li tot ton chemin savoir   25
E met en lui tot ton espoir
E saches bien q'il parfera
Le bien q'en toi commencera".
Por tant ne pris pas une fie
Si li fel envious s'occie.   30
Car sachez bien, n'en doutez pas,
Co, qe Deu dit par saint Lucas
En l'Evangile, al quer me touche
,,Jo", fait se il. "te donrai bouche[5]
E sen, al quel ti aversaire   35
Ne porront ja contredit faire'.
Huimaes des envious terrai
E al dialoge entendrai
Deus le me donst si commencer,
Qe son pleisir puesse achever,[6]
Qe sis sainz nons en soit louez
E nos trestouz edefiez   . Amen.

---

[1] Ms icele, cf. 9 d 27.
[2] V. Ps 81, v 10.
[3] V § 59, (si) read e
[4] V. Ps 37, vs. 4—6
[5] V. Lu. ch 21 v. 15.
[6] Ms. pleissir, v 33 a 26.

Frater A.   Seignors, ore en soit Dé loez,   l. 32 d
            Li premier livre est translatez.[1]
            Cil, par qui est fait tot li mond,
            Nos dont bien treiter le second   Amen

Incipit quedam digressio, ornati metri   5
excusatoria, transumpta ab hoc versu Horatii

"Omne tulit punctum qui miscuit utile dulci".[2]

            Cil, qui miez savra rimoier,
            Soul itant l'en voeil deproier·   10
            Si de ma rime est esmeuz,
            Si soi tienge as saintes vertuz,
            N'en eit ja la vertu meins chiere,
            Si la rime a lui est legiere,
            Car, tot soit ele a son avis   15
            Descordante e de petit pris,
            Ja por itant, si com jo croi,
            La vertu meins ne valt en soi
            Car lu li or n'en ert meins bel
            S'il est covert d'un laid veisel,   20
            Ne la vertu meins vertuose,
            Tot soit la rime despeitose
            Bien sui voirement qenoissant
            Q'oel n'est pas bel ne avenant
            Qe dame de noble parage,   25
            S'el est bele e courtoise e sage,[3]
            Robe eit de chanevaz vestue,
            Car plus en ert vile tenue,
            Si sa robe n'est bien soiante
            E a sa beaute responante.   30
            Issi est de riche sentence
            S'oem ne li fait la reverence
            Q'ele soit richement descrite,
            Meins en ert chiere e plus despite
            Mais dame qui est de haut lin   35
            Robe eit de paile, doblentin,
            Ou cendal ou poirpre ou samit
            Q'oem ne l'eit par honte en despit
            E sentence, riche e amée,   l 33 a¹
            Tant richement soit colorée

---

[1] Ms. tranlatez Cf. translater 108 b 30. and translaté 108 b 5.
[2] Ars Poetica, v. 343.
[3] Ms. Selest.

Qe meins ne soit troite en amor
Por faute de riche color.
Mais qui n'en a la color riche, 5
Qual merveille est, s'il en est chiche,
Qui met avant co dont n'a mie,
Cil fait asez plus qe meistrie.
Por tant, seignors, al mien quider
Ne moi doit nus hoem trop blasmer, 10
S'il n'est paiez de mon romanz,
Quant tal le faz com sui savanz.
Mais qui n'est del romanz paiez
Por co qu'il n'est tot acesmez,
Qe cortois face e si l'amenge 15
E garge soi qu'il ne mesprenge,
Car miez est qe la rime faille
Q'en menconge en vain soi travaille.
Mielz vaut feiblement rimoier
Q'estre prové a mencongier 20
D'autre part sache en verité,
Tant ai sentu e esprové
Qe qui translate autrui escrit[1]
En autre lange qu'il n'est dit
Ne poet pas aler controvant 25
A son pleisir rime eslisant;
Car s'il voelt por chasqun bel dire
La rime a son pleisir eslire,
Sovent dirra, co poet savoir,
Maleit gre soen, al qe le voir, 30
Car quant del soen plus i mettra,
Del autrui plus i mentira
Por tant ne voeil rime choisir
Qe trop ne moi face mentir
Mais simplement dirrai l'istoire 35
Si com la nos dit seint Gregoire,
Coment q'oel aut del rimoier, b
Car, sachez, mielz voeil apaier
Deu e ses sainz od verité
Q'offendre les od fauseté.[2]
De rechief si jo bien voloie, 5
Apertement proveir porroie
Qe riche sentence eslosee

---

[1] Ms. tranlate.
[2] V § 51.

Ne doit pas trop estre aournee
De rethorienes colours,
Car dame, qui desire amours, 10
Sovent en devient orguillouse
Si sa robe est trop pretiouse,
Mais s'ele est simplement vestue,
Non trop vilment ne del tot nue
Ne trop richement acaesmee, 15
Plus en ert bele e coloree.
E co vos provrei par nature
Qe miez vient qe sa vesteure
Soit auqes feible e bien soiante
Qe trop riche e desavenante, 20
Car povrete fera rougir
Sa color vive e refreschir
E richesce la tendra pale
E desdeignante e desegale
De noble sentence ensement 25
Vos di q'oem la doit humblement
Aorner q'el ne soit trop fiere,
Si doit tale estre sa chiere [1]
Q'el soit de home auqes rovente,
Si en ert plus bele e plus gente 30
D'autre part ne s'asiece pas [2]
En tant vil liu ne en tant bas
Q'oem la desdeigne regarder,
Mais en tal liu s'auge soier
Q'oem l'apeauge avant a enor. 35
E si soit tale sa color
Qe ne soit de honte confuse,
Car sovent avient q'oem refuse
Icele qui est en robe sale [3]
S'el' est od tot confuse e pale. 5
Si tient hoem a grant vilenie,
Quant dame trop s'en humilie.
Por co doit cil qui bien rimoie
Tenir la miliuene voie
E faire sa rime entendable,
Legiere e douce e profitable 10
S'en ert plus chier e eslosez
De tote gent e plus amez,

---

[1] V. § 57
[2] Ms sa siece
[3] V. § 55.

Seignors, por iceste acheison,
S'oem ne moi tensist a bricon,
Ma rime des huimes changasse
E tant la matire abregasse,
Qe sanz ennui bien m'aquittroie   15
E la gent bien apaieroie
Mais voirement si co feisse
De la covenance en eississe,
Qe pramis al commencement
E d'autre part, si autrement   20
Contasse des vertuz l'istoire
Qe ne la descrit seint Gregoire,
Tenu seroie a orguillous
E a fol e a desdeingnous,
Car voirement semblant seroit   25
Apert, qui prover le voldroit,
Qe jo volsisse demoustrer
Qe fusse de vertuz conter
Plus qe seint Gregoire delivre,
Ou qe lui dedeingnasse ensivre   30
En sorqetout, si co feisse.
Adevient, pas ne moi tenisse
Legierement al mien espoir,
Qe ne deisse al qe le voir.
Car, quant plus moi feroie brief,   35
Tant por voir moi seroit plus grief
De dire tant apertement   l. 62 a
Qe m'entendissent tote gent,
E quant jo plus moi changeroie
Tant plus del voir forvoiroie,[1]
Si sereit tornee a rebours   5
Ma joie en doel, mi ris en plours,
E tot mi travail temporal
En fin labour perpetual
E mi voir en menconge vaine
E tote ma merite en paine.   10
Por tant les vertuz vos dirrai[2]
En ordre com les commencai,
Q'oem ne moi tienge a mencongier
Ne faus ne veins ne losengier,
Si vos di bien, si Dé moi saut,   15
S'auqun en poise ne moi chaut.

---
[1] Ms. dierai
[2] v § 58.

Car ico, q'a un desplairra,
A autre bien agroira [1]
Por tant sont mangiez toz mangiers,
Toz merz venduz e vils e chiers, 20
Car voirs est ico q'oem selt dire
« Co q'uns ne voelt, autre desire. »
Dont si touz ne sont esmeuz
Par oir deus ou trais vertuz,
Sevels auquns s'en amendront 25
Quant totes oies avront
Car ico q'a un ne profite,
A plusors acraist lor merite
Uns en ert miedre, altre pejors
Co, q'un ne poet, feront plusors. 30
Dont li apostre seint Pol dit
Des proechours en son escrit,
Co fait a savoir entre quels
Comprent soi e autres itels
« Nos », fait soi il, « semes odor [2]
De Jhesu Christ, nostre Seignor,
As uns, de vie en vie fine, | 62 b
As autres de mort en mourine,
Vie as uns sumes parmanable,
As autres mort sanz fin durable »
Por tant covient, co m'est avis 5
A qui de fisiqe est apris
Qe donge a la diverse gent
Ses mescines diversement
A l'un, petit, al autre, asez,
A toz segon lor qualitez 10
Car totes herbes ne sont mie
Contre chasqune maladie,
Diverses sont en lor nature
E por tant font diverse cure
D'autre part ne sont pas toz mals 15
En totes guises paregaus,
Car uns est beaus e autre laiz
E li uns chauz e autre fraiz,
Uns est rebost, autre est apert,
Li uns tot nuz, autre covert, 20
Uns est dedenz, autre defors,
Uns nuist al alme e autre al cors,

---

[1] agroira, v § 27
[2] 2 Cor. 2, 15

Li uns moert de mort subitaine
E li autre de longe paine.
Por tant covient as sages mires 25
Savoir les diverses matires
De tant diverses enfertez
E pues segon les qualitez
Confire divers leitoaire,
Contre chasqune son contraire 30
Car li maistre fisitien,
Danz Ypocras e Galien,
Dient qe totes maladies
Par lor contraires sont garies,
E por itant covient doner 35
Qui deit les enfertez saner.
Frait contre chaut, mol contre dur,
Sec contre moiste, espes al pur,
Le legier contre le pesant,
Soluble contre costivant 5
E aspre encontre ico q'est plein,
Si poet son enferm rendre sein.
Mais voirement plus i covient,
Qui a fisitien soi tient,
Qe faire ses confections 10
As diverses complexions
Car noter deit, si il est sages,
Les regions e les aages
E des mescines les mesures
E de toz les tens, les natures 15
Les regions di por itant·
Car li englois e li normant
Sont de diverse qualité,
Tot aient is une enferté;
E si fereit tost l'un morir 20
Co qe l'autre feroit garir,
Si par maire discretion
N'atemprast la confection.
Les aages redeit noter,
Car autrement covient doner 25
La mescine al flori chanu
E autrement al non barbu,
Autre cure al emfe leitant
E autre al juvencel creissant
Car lor nature est desegale, 30
Tot soit lor maladie egale.
Si recovient a la mesure

Des mescines mettre sa cure
Segon co qe li enferms sont
Forz ou feibles q'is recevront 35
Plus donge al fort e al vigrous
Q'al feible e al non vertuous,
E meins al povre e plus al riche; d
Al un soit large, al autre chiche,
Car la plus forte maladie
Demande plus escamonie
Qe la feible e la meins ague. 5
Mais tote ert sa peine perdue,
Si il ne garge la seison
Par art e par discretion.
Car autre cure voelt yver
E autre voelt li tens de ver, 10
Autre voelt marz, autre setembre,
Autre juingnet, autre decembre
Autre voelt august, autre este,
Chasqun tens a sa qualité,
E por tant coite al cointe mire, 15
Einsi com l'en selt jadis dire
Si estre voelt tenu a sage
E qe ne face trop damage,
Qe toz jors face par mesure
Segon le tens sa tempreure 20
Seingnors, en iceste maniere
Soi deit aveir li proechiere,
Car alme a mire espirital,
Si com li cors le corporal
Dom si ore aillors n'entendisse, 25
Plus apertement vos deisse
Comment cil soi deit contenir
Qui deit les esperiz garir
Mais voirement, qui en memoire
Retient les contes seint Gregoire, 30
Asez poet la meistrie aprendre
Car si de quer i voelt entendre,
Trover i poet tant bons essamples,
Tant longs tant larges e tant amples,
De diz, de faiz e de vertuz, 35
Qe tost seroit a fols tenuz
Qui sour co riens i ajostast l. 63 a
Ne autrement le remuast
Qoel est de lui meisme dit
E por itant, si De m'ait.

Nel quier acraistre n'abrejer 5
Ne nis d'un soul point remuer
Ne sus ne jus ne proef ne loing
Autrement por negun besoing
Qe jo fis des ca en ariere.
Mais meisme icele maniere 10
Tendrai des ore entrinement
Qe j'en pris al commencement,
Le plus segur chemin en vois
Car chasqun voeil mettre a son chois.
Qui molt en voelt, asez en prenge 15
E qui poi, al petit soi tenge
Asez i poet chasqun trover,
E li plus e li meins aver,
A ses mals cure saluable.
Car seinte escriture est semblable, 20
Co dit Gregoire en son moral,
Al fleve plein, parfont, egal,
Ou noer poet li olifant,
Qui tant a desmesure est grant
E li aingnel a pie passer 25
Al plus parfont sanz encombrer.
Li olifant noe e s'estone
E li aingnel petit peone,
Quant li bon clerc est enpeschie
De co dom li feible est paié 30
Si poet avenir d'autre part
Qe l'olifant, s'il ne soi gart,
En meisme icele onde nie
Ou li aingnel passe od la vie.
Car, quant li clerc par sa science 35
Quide encercher la sapience
E par orguil vait plus parfont b
Qe sis poeirs ne lui respont,
Sovent soi chiet en herisie
E si soi dampne od sa clergie.
Mais li lais qui simplement croit 5
E fait od tot qe faire doit
Od charite e esperance,
Par trestot passe a segurance
Neporquant cil, qui mielz s'entent,
Ne doit passer trop simplement 10
Ne cil, qui meins ne doit enprendre,
Non plus qe Deu lui done entendre.
Mais chasqun tienge sa mesure,

Si trovront la voie segure
Car li noiere est fols sanz faille, 15
Qui contre l'onde soi travaille,
Quant poet descendre en belivant.
Co nos dit Ovide en lisant.
Tant sui eissu ja en deduit
Qe poour ai ne vos ennuit, 20
E por tant voldrei repeirer
As seintes vertuz reconter,
Einsi com jos trovrei escrites
E les grandes e les petites
En ordre com pramis vos ai. 25
Mais soul d'itant proier voldrai
Trestoz icels, qui les lirront,
Ou qui oir les deigneront,
Qe preient Dé qe par sa grace
Einsi descrire les moi face, 30
Q'auqune seveaus puesse ensivre
Par quei mis nóns soit enz el livre
De vie escrit e alouez
Od les nons des beneurez
E qe toz cil amendez soient 35
Qui les vertuz de ses sainz croient
   Amen.

Incipit Prefatio in librum   l 108 b
quartum Dialogorum   Frater A

Bien ont toz entendu, co quit,
Ico qe seint Gregoire a dit
Al forain translaté chapitre. 5
Li auditour e li litré;[1]
Car erraument a la proiere,
La quele lu feseit Danz Piere,
Des vies, des almes prover,
Tantost respondit sanz tarzer 10
Qe cil labors n'ert pas legiers
Comment seroie jo donc fiers,
Osez, fol, hardi. enpernant,
S'enpreisse labor tant grant?
Li seint lu fait pesant a soi 15
E co sereit legier a moi,

---

[1] Ms. e li auditour e li litre

Ico, qe tant fut fort e dur,
Al seint qui tant est monde e pur
E de la De grace espire
Qe trestot a sa volenté, 20
Quanq'il vot pensei, demostra,
Com icil, en qui Deu parla,
Sereit a moi legier e feible,
Qui tant sui veins, enferms, endeible
E encombré de mes pecchiez? 25
Ors seit qe ne fusse empeschiez
Ne de pecchie ne de feiblesce
Ne de negune autre destresce,
Co, qe fut fort a demostrer,
Sereit legier a translater? 30
Oem ne lu poet a peine entendre,
E jo seroie osez d'emprendre
De romancer e nis en rime
Co q'est tant parfont e hautime?
Seignors, co ne poet avenir 35
Qe ja par moi puisse acomplir
Sanz aiue itale emprison
De Deu e de vostre oreison
Ors vos en dirai lu porqoi
Oem ne poet pas taster al doi
Co q'avisonc est entendable, 5
Si com co fust chose voiable,
Car co, q'oem poet al doi taster
Poet oem, qui veit bien, esgarder.
Mais mostrer chose esperitale
Einsi cler com la corporale 10
Meimement a gent qui ne voient
Ne qui la dreite foi ne croient
Sereit asez plus qe maistrie
Por co, seingnors, queiqe nuls die,
Itant vos aferm sanz doutance: 15
Oem, qui n'en ad dreite creance,
Ne qui ja ne la quert aveir,
Por noient i avreit espeir
Qe fust par cest livre amendé.
Car tant par est a foi mellé 20
Q'oem ne lu poet sanz foi entendre.
Mais s'il est tels q'il voeille aprendre
De la foi co dom est en doute,
Segur vienge avant si l'escoute;
Si lu pramettrai leiaument 20

Qe, si de bon quer i entent,
De la foi tant i aprendra
Q'a vive force s'amendra,
E si ne di pas neporquant
Qe co seit par moi tant ne quant   30
Ne par vertu qui de moi seit
Car veirement ja n'avendreit
Q'einsi grant chose enprendre osasse,
S'en Deu plus q'en moi n'esperasse
E plus en la vostre oreison   35
Q'en la moie devotion
Mais une rien al quer me touche
Qe saint Gregoire dit de bouche
El derrain chapitre ainz nomé
Qe sa demeine volunté
Por l'autrui profit entrelaist
Soul icil dit itant « Moi plaist
Qe hardi sui de plus enprendre
Qe mis sens ne soi poet estendre »
Car charite leiale e vaire
Lu commun prou tant aime faire   10
Qe por l'autrui lu soen oblie
Mais sachiez en tant n'i pert mie,
Car donqes son prou fait a drait,
Quant lu soen laist e l'autrui fait
Donc fait bien sa propre besoingne.   15
Quant son prou por l'autrui porloingne.
Iceste cause, fait osé
Mon quer tant qe ma volunté,
S'estent loing outre mon poeir
Co est la charité de veir   20
Qui mise est al premier prologe
Al chief del premier dialoge,
Jesqe ca m'ad toz tens sigui
E soustenu soue merci,
Com cele qui co q'ele enprent,   25
Ne guerpist pas legierement
Sanz co q'oem force ne li face.
Por tant m'espeir en la Dé grace
Q'onqors ne moi voelt pas guerpir,
Tant q'ele moi face acomplir   30
Co q'ele moi fist commencer
Car finir voelt e terminer
Tot, s'en moi ne remeint, le livre,
Porquei qe jo la voilge sivre

  Esforceement sanz feintise.   35
  Donc poi ico q'en nule guise[1]
  Ne la puis sivre sanz soccours   l. 109 a
  Les litics e les auditours
  Qui lu voudront oir ou lire
  Depri por Deu qui est li Sire
  Q'is deingent deproier por moi   5
  Car veirement si com jo croi,
  Quant plus devoz por moi seront,
  Tant del prou qe il ja prendront
  En avront is maire partie.
  Ors moi donst Deus sen e aie   10
  Qe par cel meisme esperit,
  Dom par seint Gregoire est escrit,
  Par moi puisse estre translaté
  Si qe sis nons en seit loé
  E nostre profit acreu   15
  Amen diez el nom Jhesu

The Translation of the Dialogues contains 19367 verses

---

[1] Ms. dom.

II. COMPARISON OF THE TRANSLATION WITH THE LATIN ORIGINAL.

In the Praefatio, Angier moralizes and only at the close of the same does he refer to the treatment and arduousness of the work. In the prologue to the second book he speaks at length of the relation of his translation to the original, but the religious aim of the work is his justification. It is very natural that the poet should make such remarks at this point, for after translating the first book, the difficulties now absorb his attention, while on the other hand in the Praefatio the religious motive predominated. In the prologue to the third book he repeats his resolve to translate accurately the original. Although he admits that variety of style and abridgement of the material would render his work more interesting, he fears, however, that abridgement would result in obscurity and discredit him in the estimation of his readers, who would consider him presumptuous for daring to introduce changes. In the prologue to the fourth book Angier speaks again of the difficulties of his task and confesses again that the work is beyond his power.

Angier does not deviate from his resolve to translate the Dialogues with fidelity and his translation is substantially accurate, but it is by no means literal. Requirements of rhyme and the syntactical differences in the two languages render a literal reproduction impossible.

1. The only important addidion occurs in the story of Nebuchadnezzar's dream and its interpretation by Daniel.[1] In the Latin brief mention is made of the king absorbed in meditation when a "statua grandis, magna et sublimis" appeared before his eyes. Angier supplements these words which end with "et cetera". He adds the interpretation of the dream. He either had a manuscript in which this story was complete or he drew the additional details from the Bible. The latter hypothesis seems more probable. cf. 92 b 27; 97 b 15—18.

The first part of the story of Lazarus and the rich man (about 50 words) is omitted. Angier begins with the scene in Hell, briefly stating what precedes in these words: Del riche e del Lazre mendif (129 c 15). The story was so familiar that repetition was unnecessary.

Angier invents details in describing the animal which Equitius rode: *Jumentum sedere consueverat, quod despicabilius omnibus jumentis in cella potuisset reperiri; in quo etiam capistro pro freno, et iervecum pellibus pro sella utebatur.*

        Un asne chevauchast petit,[2]   18 d 33 —
        Le plus vil e le plus despit,
        Qui en sa celle peust estre
        Trové, s'eust por frein chievestre,
        E deus ou trois pels de moutons
        En leu de saele sanz arcons.
        Por peitral, por estriers, por cengles
        Roortes eust totes sengles
        De chaesne ou de coudre ou d'osier
        Ou d'autre merz qui fust meins chier,
        Com cordes faites de torchaz,
        De fein, de paille ou de pesaz

---

[1] V 144 a 4—144 b 12, Daniel 2, 29—44.
[2] Ms aure

Angier adds to the animals which the devil imitates with his voice: *Antiquus hostis immensis vocibus magnisque clamoribus coepit imitari rugitus leonum, balatus pecorum, ruditus asinorum, sibilos serpentium, porcorum stridores et soricum.*

  Ors soi fist porc e ors dragon   68 a 31
  E ors lipart e ors leon,
  Asne, ours, nutun, lou, chien e chat,
  Crapaut, couloevre e taupe e rat,
  A la foie devint berbiz
  E sovent fut chauve souriz
  E sovent prist la forme entrine
  D'autre beste ou d'autre vermine,
  Dom ne moi plaist mention faire
  D'autre part li fel aversaire,
  Tant sovent com soi deguisot,
  Ses voiz od ses chieres muot;
  Quant porc fut, l'oissez grommir,[1]
  E quant leon, forment fremir,
  E sifler, quant il fust serpent,
  Quant lou, uller hisdousement,
  Quant chien, l'oissez abaer,
  E quant fust asne, rechener,
  Quant singe fut, loufes fesoit,
  E quant nuitun, forment crioit,
  Quant chat fut, donc meaunonot,
  Quant rat ou taupe, croissingnot,
  Si baeillot, quant ert berbiz,
  E pippot, quant soi feinst souriz

  A quotation from Solomon is added. The corresponding Latin is found on the margin

Serpens in sinu, ignis in gremio, mus in pera, male remunerant hospites:[2]

  Co dit li saive Salemon: 70 b 23
  Serpent en sein, feu en giron,
  E rat, quant est en bourse enclos,
  Mal guerredon e mal repos

---

[1] Ms. grōmir
[2] V Prov. 6, 27.

> Rendent a toz cels qis acuillent,
> Ostes, ostals gastent e suillent.
> Serpent en sein, co est luxure,
> Quant la char tempte a desmesure,
> Feu en giron, co rest envie,
> Qui le quer quit e gaste e frie,
> Souriz en bourse est avarice,
> Qui plus nuist qe nul autre vice

A line spoken by Peter is added to strengthen the assertion of the other speaker:

> Veirs est si li livre ne ment.   127 c 6

A proverb suggested by the context is added:

> Mais veirement besoing n'a loi.   70 d 9

In seeking a rhyme for "tunique" he adds a grotesque metaphor which suggests the soaking of the land by the miraculous rain

> Toz soi soloient auner   81 d 21 —
> Si citaien por aporter
> En haut une soue tuniqe,
> Qui d'ico fesoit la phisiqe.

He adds the tools with which the rustics remove the rock over the cell of Martinus:

> Pic, fosseour, truble e levier,   83 c 3 —
> Bien massiz de fer e d'acier.

A simile is occasionally added:

> Com si fust tenue en prison.   40 d 16
> Plus redoutot q'enfes balain.   91 c 20
Niger· Plus neir qe n est moure meure.   133 b 19

Additions are often made for the sake of rhyme.

In vitreo vase· En un veissel de veirre entier   54 b 18
Assentio. Bien mi assenc a co q'as dit.   80 c 31
Soefre moi onqor un petit

2. Collective terms and general expressions are often differentiated: *gravissima aeris tempestas*

    Ais vos tempeste sorvenir, 126 a 10 —
    Toneire, espart e pluie e vent
    E grelle a si tresgrant torment.

Omnia Homme, angle, beste, oiseau, flour, erbe, 97 b 34 —
    E ciel e terre n mer parfonde
    E trestotes les riens del monde.

Ferrum Coingnie, espee ne coutel 76 a 24
    Ne rasoir n'autre ferrement

Omnis etiam mundus velut sub uno solis radio collectus ante oculos eius adductus est·

    Trestot le monde en un rai vit 59 a 4 —
    Cuilleit ensemble entrinement:
    Eir, terre e mer e firmament
    E nis trestote creature
    Senglement segon sa nature.
    Hommes, bestes, oisels volanz,
    Serpenz, dragons, peissons noanz,
    E quanqe soz ciel est formé

Invenerunt in itinere pratum et fontem, et quaeque poterant ad reficiendum corpus delectabilia videri.

    Tant q'is vindrent par un prael 46 a 21 —
    Qui molt ert delitable e bel,
    Si sorst dejoste une fontaine,
    Clarette e pure e douce e saine,
    Donc l'aeve fist tant douz murmure
    Par desus la gravele pure,
    Qui par russeaus soi desrivot
    E l'erbe environ verdeiot,
    Si fut li lius tant deleitable,
    Qe tot ne fussent is, sanz fable,
    Ne jeuns ne lassez d'errer,
    La bele place a reposer
    Les enviast, soule par soi,
    E a manjer s'eussent quoi.

Potio Beivres e mescines e piles 55 b 5 —
    E poisons qui ne sont pas viles,
    Car la mendre est bien agusee
    De reubarbe e d'escamonee

— 36 —

Per abrupta montium, per concava vallium, per defossa terrarum.

    Par monz, par vals, par bois, par plaines,   35 d 13 —
    As croes, a souzterrines vaines,
    Par espineiz e par essarz.

Vir autem Dei ad eundem locum perveniens in arctissimum specum se tradidit.

    S'errot tot soul par la gastine,   35 a 15 —
    Ou ne vit onc jal ne geline
    N'omme ne beste ne rien vive,
    Fors soule la forest soutive,
    Jesq'a tant q'al derrein trova
    Un liu, qui molt lui agrea.
    Souz une roche en une crote,
    Ou pot avoir sa aise tote,
    Tele aise, di, com avoir doit,
    Qui de mesaise s'aise foit,
    Qui soul d'itant est a maire aise,
    Quant plus por Dé soefre mesaise
    Li lius n'ert a riens parvoiable,
    Por tant li fut plus covenable,
    Quant plus ert estroit e celé,
    Tant sist plus a sa volenté.

Arbusta ingentia: les granz cheisnes,   83 a 35
    Hauz de cent piez e les loncs freisnes.

3. Since the Latin language is richer in its vocabulary, Angier is often compelled to resort to circumlocutions. Accumulation of synonyms is found everywhere.

Indefessus.   Ne semblant ne fist de lassesce   76 c 15 —
    Ne de corporale destresce,
    De feim, de seif ne de rien al,
    Quel s'il fust tot espirital.

Tremebundus   Molt par en ot el quer irour,   41 a 21
    Angoisse e tristesce e dolour.

Secretum locum petii.

    Si m'en entroi en un secré   10 d 15 —
    Tot soul en un liu solitaire

4. Translation of numbers.

Ante dies fere duodecim

    Un poi devant ceste qinzaine.   29 c 25

Eum duo vel tres movere non possent, plures adjuncti sunt

    Dui frere ou trois ou qatre al plus   44 b 29 —
    Mais ne la porent sus ne jus
    Del liu moveir ne cinc ne sis
    Non set ne uit ne noef ne dis,
    Non, co quid, cent ne l'eslochassent
    Plein pie, ja tant ne s'esforcassent

In eam subito legio intravit

    Soudeement en le entrerent   28 c 2 —
    Sis cenz, seisante sis, sis mile.
    Itanz font segon l'Evangile
    Le nombre d'une legion

In partes   En plus de cent pieces menues   83 b 11

A number is suppressed for sake of the meter. *Treis* is crossed out in the manuscript

    Al miracle, dom vais pensant,   86 c 6 —
    Des treis enfanz asez est semblable.

5 Nouns are often modified by numerous adjectives and descriptive phrases which are not found in the original:

Serpentem   Un grant serpent   16 b 27 —
    Qui a desmesure ert hisdous

Aqua.   la clere aeve   21 b 28

Mundus omnis · Trestot le mont qui tant est grant   59 b 26

Ursus   Un ours a desmesure hisdous,   78 d 29
    Orrible, engraes e fameillous

Malignus spiritus · Li maligne esperit puslent   88 c 8

6 In the translation of individual words, exact correspondence is not always found;

Dicens	Donc dist al serpent li seinz hom.	16 b 35
Antiquarios scribentes:	Vielz moines chanuz escrivanz.	19 b 22
Papyrus:	jonc	21 b 29
Aliquantis diebus.	long tens.	26 d 25
In usu:	A grant foison.	26 d 27
Alio quoque tempore:	un autre jor	28 d 1
Manus·	par la destre main.	15 a 27
Studiose:	souz ceinz	59 d 16
Desiderium:	Son quer, son desir. son porpos.	34 d 35
Pietas matris	douce pieté.	14 d 29
Diabolo immolaverunt:	A lour Mahon sacrefierent	93 a 13

In the last example above Angier employs the specific term familiar to him, thus introducing the Christian conception.

7. Angier often changes direct discourse into the indirect and vice versa. Occasionally occurs a mingling of the direct and indirect form of Expression:

Surge, tolle caballum tuum·

    Lors li roverent a lever   14 b 7
    Si distrent. pren ci ton cheval.

8. Latin particles and adverbs are very frequently not translated. From the above examples, which are typical, we see that the translation owes its length to the processes which we have just mentioned. Through the supplementing of details, obscurity is removed and clearness and definiteness attained, a consideration which seems a dominant motive throughout the work, in order to enhance its religious value. The loquacity of Angier is impressed upon every page of his translation.

The influence of the Latin on the syntax is found only in isolated cases; almost no attempt is made to imitate the Latin structure of sentences:

Me contristato. Moi corrocié.   30 a 25
Levo securus. Pren le segur.   42 c 22

Quia perspexit hunc clericum idcirco diabolo traditum

    Quant vit le clerc estre livre   47 d 26
    Soul por itant al enemi.

Susceptum corpus le recu cors.   53 a 33

  Subordinate and coordinate clauses are often rendered in inverse order (24 b 27) Angier shows a preference for the coordinate construction. For the influence of the Latin on the vocabulary see § 68.

III. PHONETICS.

Meyer in his edition of the "*Vie de Gregoire*" adds a "phonétique" in which attention is given only to those facts by which the language of the text differs from the "français de France" In our study of the language of the Dialogues the facts presented here must be limited in a similar manner. We have observed throughout the Dialogues the same general facts which Meyer finds in his study of the language of the "Vie de Gregoire". The Dialogues, of which we are planning to publish an edition at an early date, contain numerous supplementary details.

9. Free *a* regularly becomes *e,* but *ei* is found in the following isolated cases: *acheveir* 36 a 20, *aleir* 95 b 12, *ameir* 2 d 22, rimes with *remaneir* 107 c 28, *Eschiveir* 2 d 28, rimes with *voieir* 134 c 9, *gardeir* 79 d 9, rimes with *aveir* 78 d 19, *proveir* 33 b 6, *esproveir* 146 a 1, 134 d 25, 68 d 36, 69 a 17, 68 d 20, rimes with *saveir* 48 a 16, with *veir* 125 b 29, *salieir* rimes with *valeir* 146 c 10, *troveir* rimes with *aveir* 72 d 3, *paeiz* (pacatus) rimes with *deiz* 71 b 7. *oi*. *esprovoir* rimes with *voir* 46 c 23, *controie* (contrata) rimes with *soie* (siam) 65 d 30. In the above examples *ei* (Lat. a), peculiar to the North and East of France, rimes with *ei* (Lat. ē, ĭ). This *ei* (Lat a) is found elsewhere in Anglo-Norman French·

v. Stimming, Der Anglonormannische Boeve de Haumtone, p. 175.[1]

10. —*abat* regularly becomes *ot*. *goustot* 12 c 9, *fiot* 14 d 14, *quidot* 21 d 12, *alot* 27 a 32, *cestot* 27 d 14, *escoutot* 30 d 30, *regrettot* 57 c 18, *errot* 66 d 19. Through the influence of the type derived from —*ēbat*, *eit* and *oit* occasionally occur, especially in rhyme. *ereit* 13 c 35, 101 c 7, *repeireit* 38 c 20; *amoit* 72 b 26, *eroit* 22 d 3, *desiroit* 21 b 14, *gardoit* 13 c 36, *oroit* 54 d 25 (cf. *orot* 58 c 1). —*abam* and —*abant* have passed to the type in —*ebam* and —*ebant*. v. § 15.

11. After palatals: *eschiele* (scala) 21 c 36, *chief* 15 c 13, *pecchiez* rimes with *piez* 15 d 27. *ie* is sometimes reduced to *e*. *manjer* 99 c 22, *manjer* rimes with *loer* 25 d 31, *pecchez* 16 a 20, 138 a 3, *chere* rimes with *mere* 120 c 2. v. Stimming (B. de H. IX).

12. *a* + Latin or romanic *i*: (a) *ai* is preserved: *vait* (vadit) 139 a 35, *sai* (sapio) 34 a 24, *mais* 30 c 31, *plaist* 37 a 5; (in the fut.) *provrai* 24 b 24, *grondirai* 82 c 4, *conterai* 34 b 7, *terrai* 10 c 37, *toirai* 66 d 1, *dirrai* 11 c 30, *nomerai* 12 b 2, *fait* rimes with *drait* 108 d 14, *faire* rimes with *craire* (credere) 110 a 13, with *vaire* (vēra) 108 d 10, with *qaire* (quaerere) 146 d 29, *trovai* rimes with *lai* (lēgem) 99 b 33. Graphic adaptation is rarely missing. *aies* rimes with *soies* 16 d 26, *maire* rimes with *beire* 86 d 25, *trait* rimes with *feseit* 134 b 7.

(b) *ei* is more frequent than *ai*. *freit* (fractus) 56 d 33, *ei* (habeo) 53 d 27, *trovrei* 137 d 7, *recontrei* 68 c 30.

(c) *ae* is occasionally found (in closed syllable). *taest* (tacet) 48 c 24, *traest* 71 c 24, *plaest* 71 c 31, *maes* 119 a

---

[1] This monumental work, which only recently has been available, was of great value to me.

33, *paestre* 79 c 14, *paes* 38 a 16, *faes* (fascis) rimes with *praes* (pressus) 79 d 14, *maestre* rimes with *estre* 55 c 20

(d) *ai* is sometimes represented by *oi*: *foit* 43 c 17, 69 a 32, 48 a 8, *foire* 76 a 30, *fois* 76 a 29, *oi* (habeo) 148 b 2, 99 d 9, *oie* rimes with *soie* (siam) 112 b 33, *oient* 110 a 10, *toire* (tacere) rimes with *proioire* 79 a 11, *troist* (traxit) 40 a 28, *broire* rimes with *paumoire* (= *ferula*) 91 c 12, *vois* (= *vais*) rimes with *chois* 63 a 13, *souztroit* rimes with *Benoit* 35 c 25, *amenoi* 99 b 35, *trovoi* rimes with *moi* 103 d 23, *pronontioi* rimes with *toi* 48 b 18, *entroi* 10 d 15, *porroi* 88 b 15, *beuroi* 69 c 8, *diroi* 102 a 29, *hoie* (haga) 16 c 27, *ploie* 30 b 26, *deloi* 16 d 17, *veroie* 127 c 31.

(e) *ai* is sometimes represented by *e* : *mes* 34 c 23, 26 d 35, 56 d 25, 103 d 34, *james* 50 c 16, *huimes* 33 c 25, 32 c 35, *pestre* 79 c 1, rimes with *estre* 84 b 31, *lesse* (laxat) rimes with *cesse* 141 a 32, *nestre* rimes with *estre* 125 c 22, *fes* (fascis) 56 d 20, rimes with *apres* 52 b 16, *set* (sapit) 142 b 7

(f) *aei* for *ai* is very rare: *tráeit* (tractus) 41 c 18, rimes with *chăeit* 41 c 6, *vaeis* (vadis) 112 a 9; *aei* is graphic, *ae* representing *e*. It is evident that *ai* (*ae*, *e*), *ei* and *oi* in the above examples represent the same sound (in medial position ę, in final position and before *e* diphthongal).

This is not only proved by a careful observation of the rhymes but also by the numerous variants cf. *ais vos* 41 a 14, 77 d 6, 119 b 21, 126 b 31, *eis* 67 b 30, *eis vos* 29 c 12, 70 d 19, *aes vos* 41 b 3, *es vos* 69 b 18. cf. Stimming (B de H. p. 193—197).

(g) *a* is found for *ai* in three examples (before *r*): *afar* 46 d 4, *affar* rimes with *seingnar* (seniorem) 77 d 35, *fare* 30 a 4. The vowel before the *r* was probably carelessly pronounced. For other examples see Stimming (B. de H, p. 195).

13. —*arium* regularly becomes *ie*: *jenvier* 124 b 12, *volentiers* 38 c 9, *familiers* 128 a 32, *celerier* 54 b 35, *lumiere* 60 b 15, *senghers* 109 d 10. *ie* is occasionally reduced to *e*: *lumere* rimes with *clere* 58 d 27, *seculers* 121 b 21, *volenters* 103 a 33, 17 c 14, *premeres* 143 c 21, *averseres* rimes with *freres* 98 d 8; cf. *aversier* 98 d 16 and *aversaire* 35 b 34, 53 c 18. *ai* occurs in learned words: *Samaire* 123 a 5, *contraire* 134 b 3, *solitaire* 127 d 9, *notaire* 73 b 35, *luminaire* 94 a 17, 90 a 15, *respondaire* 104 d 32. *oi* occurs in *gramoire* which rimes with *gloire* 142 c 15.

14. *a* before a nasal becomes *ai* or *ei*: (a) *premerain* 32 c 7, *subitaine* 62 b 23, *semaine* 134 d 20, rimes with *plaine* (plēna) 102 b 11, *romaine* with *maine* (minat) 76 b 5. *saine* rimes with *paine* 11 a 27, *main* rimes with *plain* 27 c 17, *compainz* 113 b 33, *ainz* 85 c 14.

(b) *ei* is more frequent: *mein* 13 a 9, rimes with *plein* 26 d 18, *sein* (sanus) 45 b 14, rimes with *sein* (sinus) 70 b 17, *vileins* 50 a 6, *seim* 35 d 4, 76 c 17, *loingteins* rimes with *meins* (minus) 81 b 18, *pein* rimes with *sein* (signum) 31 c 5, *cleiment* 33 d 7, *fonteine* 34 d 18, *segrestein* 94 b 25, *soverein* 110 c 24, *humeine* 148 a 23.

(c) *a* occurs in learned names: *Theophan* 125 d 27 (cf. *Tiephain* 125 d 30), *Valentinian* 34 a 32, and in learned words: *mondan* 109 c 35, *mondane* 106 d 21; *a* is also found in *derrans* which rimes with *Johans* 72 b 34 (cf *derrain* 72 b 35), *o* is found in *Maximon* (Maximianus) which rimes with *Laurion* 22 c 26, with *confession* 136 c 22. *oi* occurs in *romoine* which rimes with *patremoine* 131 a 6 ·

15. Latin *ē* and *ĭ* regularly become *ei* or *oi*, (a) *ei*

is more frequent than *oi* in infinitives: *remaneir* 15 d 14, *poueir* 25 c 18, *saveir* 48 c 10, *ploveir* 135 b 35, *aveir* 115 d 30, *moveir* 112 c 8, 118 c 36, *creire* 112 d 14; *avoir* 41 a 19, *recevoir* 64 a 16, *decevoir* 46 b 34, *savoir* 72 c 11, *valoir* 58 b 27

(b) When the diphthong is followed by *e*, *oi* is regularly employed: (in the first per. sing. of the imperfect and conditional): *voloie* 33 b 5, *disoie* 51 b 35, 60 c 17, 56 c 4, rimes with *joie* 132 a 9, *pooie* 48 c 29, *fesoie* 60 c 18, 119 c 11, 71 a 20, *queroie* 97 c 30, *genoissoie* 48 c 30, *souloie* 99 c 33, *avoie* 51 b 36, *veoie* 99 d 19, *sentoie* 102 c 7, *corroucoie* 30 b 25, *comandoie* 147 d 10, *amoie* 147 b 30, (cond.) *feroie* 94 c 5, 147 d 9, *apaieroie* 61 d 16, *changeroie* 62 a 3, *porroie* 33 b 6, *dedieroie* 94 c 6, (second per. sing.) *prametoies* — *enseingneroies* 51 b 27—28; (third. per. plu.) *descendoient* 57 d 27, *croessoient* 43 d 27, *dormoient* 16 c 7, *fesoient* 70 d 21, *manoient* 79 a 20, *mettoient* 35 d 20, *perissoient* 34 a 7, *rendoient* 36 d 22, *voloient* 75 d 30, *veoient* 60 b 7, (*ei* is exceedingly rare: *poieient* 45 d 15, *poeient* 86 d 12, 37 c 13, *seient* 137 c 3). *occirroient* 37 d 22.

(c) In the third per. sing. *ei* and *oi* occur: *poeit* 55 a 16, *croisseit* 42 a 5, *soleit* 42 b 32, *souleit* 14 c 25, *serveit* 101 c 8, *giseit* 96 a 27, *teneit* — *veneit* 57 b 33—34, (cond.) *revendreit* 80 a 7, *partireit* 56 d 25, 14 d 10, *savreit* 97 c 2, *amendreit* 56 b 35, *servireit* 34 b 14, *liereit* 52 d 9, *visitereit* 45 a 8; (*oi*) *manoit* 70 c 15, *tenoit* 64 d 8, *voloit* 16 c 11, *disoit* 52 c 2, 38 a 13, *savoit* 45 d 11, 74 d 22, *pooit* 52 a 25, 51 d 6, *creoit* 70 a 2, *venoit* 73 b 15, *fesoit* 55 b 36, *soloit* 56 a 26; (cond.) *lasseroit* 38 b 16, *avendroit* 10 c 11, *porroit* 38 b 11, 68 d 36.

(d) (present tense) *deit* (dēbet) 71 b 26, *veit* 12 a 4, *seit* (sit) 71 b 32, *receivent* 48 c 18, *descreit* 123 b 32;

soit 142a 11, *toit* 13b 13, *doi* 10a 19, (*oi* occurs before *e*) *soie* 65d 29. *soies* 141b 36, *soient* 141b 1.

(e) *ei* is less frequent than *oi* in the pronouns: *sei* 29d 20, 118b 22, 57b 36, 117d 2, *mei* 112b 34; *soi* 39d 3, 41c 12, *toi* 57b 3, 71d 8.

(f) In other parts of speech *ei* and *oi* seem to be employed indifferently *fei* 52d 16, *seir* 53b 16, 79d 5, *veire* 46b 5, *veirre* 54b 18, *eire* (iter) 55b 11; *foi* 71b 8, 116d 29, *rois* 47a 31, *loi* 81c 25, *voir* 46c 24, *noirs* 32a 32, *soir* 30d 11, *benoit* 34c 12, *voie* rimes with *joie* 136b 22, 103a 7, *soloil* rimes with *oil* 140b 32.

16. *e* sometimes occurs: (in infinitives) *voier* (the regular form) rimes with *demorer* 118d 19, with *travaillier* 98d 20, with *habiter* 81b 33, with *parler* 2d 6 (cf. *voieir* which rimes with *espeir* 90b 15, with *valeir* 137b 32, *voeir* 124b 32), *chaler* rimes with *plorer* 121c 23, *arder* 126d 20 (cf. *ardeir* 126d 23, *ardre* 127b 18), *estover* rimes with *porter* 66d 23 (cf. *estoveir* 141a 7, *estovoir* 67d 9), *moier* rimes with *trembler* 66c 22 (cf. *moieir* 66c 27, 47a 19), *poer* 58b 6, *recever* rimes with *entrer* 11a 32, *saver* 144d 2, rimes with *pronontier* (four-syllabled) 48b 21, *soier* 92b 29, 69a 4, 70d 29, *voler* rimes with *achever* 25c 7, *iouler* rimes with *ordener* 25c 37

For examples of this change from the second to the first conjugation see Huber's Abhandlung über die Sprache des Roman du Mont Saint-Michel von Guillaume de Saint-Paier, in Herrig's Archiv (1886), p. 144 — Stimming (B. de H p. 198) records *aver*, *voler*, *saver*, *ver* and *pover*. Cf. Suchier's Abhandlung (Vie de Saint-Auban, Halle 1876) p 4, 43.

redde (rigidus) 41d 22 (cf. *reid* 128b 3), *secrez* (learned word) rimes with *amenez* 85c 20 *fe* (fidem) rimes with *cité* 50 d 34, *ere* (iter) rimes with *pere* 20 a 1.

17. *Ai* is often found especially in rhyme: *trais* (tres) 130 b 5, 76 c 29 (cf *treis* in same line), *vaire* (vērus) 41 d 23, *fraiz* (frigidus) 62 b 18, *estraites* (strictus) 59 c 35, *faie* (vicem) 46 b 33, *lai* (lēgem) 99 b 34, 97 a 2, *fai* (fidem) 96 d 1, 105 d 8, 104 c 25, *vairre* (vitrum) 23 a 17, *arvaire* 103 c 23 (cf. *arvoire* 147 a 16), *richaises* 77 b 7 (cf. *richeises* 77 a 34, *richesce* 33 b 23), *recait* (recipit) 151 a 22, *dai* (dĕbeo) 115 b 14, *acraistre* 55 a 1, *descraist* 37 a 13, *craissent* (crescunt) 116 d 8.

Ai is rarely found in the imperfect: *pouaie* 99 b 26, *poaient* 125 c 27, 52 b 33, *pouaient* in rime with *voulaient* 105 d 31, *eraient* (36 b 1) belongs here by analogy to the type in —*ēbant*.

18. *e* is found in *crestre* which rimes with *estre* 11 d 12, with *celestre* 106 d 24 (cf. *craestre* in rime with *paestre* 79 d 10). In the above examples considerable freedom has been observed in the graphic representation of the Vulgar Latin close *e*. It is interesting to compare the variants of the neuter interrogative pronoun before the verb deit: *quei* deit co? 132 b 1; *quoi* deit? 110 d 25; *qe* deit co? 134 c 17; *qe* deit? 31 c 15, 71 b 26, *quai* 80 a 8. Cf. *porquei* 18 c 12, *porquoi* 99 a 24, *porqai* 97 b 19, *porque* 120 d 12. Of the development of *ei* Stimming (B. de H. p. 197—200) says (p. 197): "Das franz. *oi* ist aus *ei* hervorgegangen, welch letzteres sich im Normannischen fast durchweg erhalten hat. Daher ist *ei* auch anfänglich die fast allein im Agn. bekannte Form, fur welche graphisch zuweilen *ai* eintrat.

Auch lautlich entwickelte *ei* sich hier zu *ai* und teilte dessen Schicksal, d. h. wurde im Inlaute zu *ę*, während es im Auslaute und vor *e, ai* blieb."

19 *e* before a nasal is phonetically equivalent to *a* + nasal v § 32. In rime graphic similarity is regularly found. Since *ei* (a + nasal) is more frequent than *ai*, *ai* (e + nasal) occurs less often than *ei*. *sain* (sinus) 26 c 33, *paine* 30 b 31, *maine* (minat) 76 b 6 (cf *amoine* in rime with *tesmoine* 127 b 12), *mains* (minus) 23 c 7.

20. Open *e* (a) *ie* is occasionally reduced to *e*: *se* (sedem) 138 c 8, *ere* 146 d 15, rimes with *pere* 18 d 6, *erent* 24 d 13, *secle* 137 d 19, *melz* (melius) 29 b 8, *espere* (sphaera) 59 a 14, *entere* 98 c 14, *cimetere* 124 b 9, *maneres* 143 b 36, 142 a 9, *cez* (caecos) 30 d 25, *breve* 99 c 15 (cf *brieie* 57 c 6). (before nasal) *avenent* 143 b 37, *ben* 2 c 35, 3 a 31, 92 b 8—9, 78 a 23, *tresben* 24 a 27, 77 d 34, *rens* 82 c 14, 113 a 35, *men* 3 a 5 (cf. *mien* 9 a 21)

(b) medial ę is sometimes represented by *ae*. *decaes* 15 c 2, in rime with *apres* 120 b 34, *apraes* 11 b 10, *praes* 19 d 9, 79 d 13, *engraes* (ingressus) 73 d 30, *saetme* 24 a 4 (cf *setme* 24 a 25), *revaele* rimes with *baele* 143 d 35 (cf *revele* in rime with *flaele* 114 c 29, *reveile* 48 b 1), *saele* (sella) 19 a 1, *daestre* 13 a 9.

21. Vulgar Latin o (classical Latin ō, ŭ) is represented by *o* or *ou*

(a) *o* is much less frequent than *ou* in the ending —*osus*: *angoissose* 34 c 7, 14 d 2, *orguillos* 43 c 31, *hontoses* 31 a 5, *vertuose* 32 d 21, *dolorose* 34 c 8, *oisos* 38 d 4, *oblios* 51 c 2, *noisoses* 52 b 9, *gloriose* 60 c 21, *aevose* 100 d 25. — *tenebrous* 113 c 19, *vertuouse* 118 b 36, *perillous* 40 c 1, *religious* 40 d 25, *hisdous* 16 b 28, *dolorous* 19 c 13, *glorious* 20 b 22, *venimous* 54 a 36, *luminouse* 59 a 2, *desdeingnous* 61 d 24, *vigrous* 62 c 35, *sofreitouse* 63 d 35, *nuisouse* 80 c 24, *costouse* 17 d 8

(b) before r: *plusors* 12 b 5, *flor* 34 a 2, *jors* 12 d 8, *labor* 35 c 18, *color* 33 b 22, *favor* 34 d 6, *lor* 75 d 27, *amor* 79 a 24, *ore* 99 c 15, *plors* 139 a 4, *pastor* 37 c 8, *langor* 89 c 33, *ligor* 103 b 6, *soeror* 58 c 11, *seingnor* 58 a 23. — (*ou*) *mours* 63 c 19, *houre* 69 b 23, *onour* 74 c 28, *plusour* 72 b 36, *sour* 12 c 23, *jour* 75 d 14, *poour* 14 d 30, *lour* 77 b 10, *errour* 109 d 34, *menour* 121 d 24, *seingnour* 123 b 25

(c) before other letters. *toles* 62 a 26, *toz* 78 d 4, *troble* 56 c 30, *molt* 17 d 8. — (*ou*) *double* 123 c 29, *trouble* 57 d 32, *soul* 75 c 21, *goute* 75 a 25, *touz* 33 c 13.

(d) *ui* is found in *tuit* (toti) 21 a 16, *tuite* (tota) 47 b 21, *tuit* (totus) 44 a 25. Cf. *tot* (toti) 46 d 33, 45 b 29.

(e) *oratoure* (oratorium) 20 d 28 is exceptional. —*orium*, —*oria* regularly become *oir*, *oire*.

Latin ŭ is rarely represented by *u*: (before nasals) *plum* (plumbum) 138 b 16, *numbre* 77 c 3, 81 a 10, *corrumpre* 69 b 10, *munde* 2 d 12, *sumes* (sumus) 40 c 8, 62 b 3, 67 c 9, 81 b 18, 20 a 1 (cf *semes* 38 b 27, 62 a 35, 61 b 29, 38 b 28), *sunt* (cf. *sont* in same line) 2 c 11, *serunt* 51 a 24, *undes* (cf *onde* 102 a 25) 102 a 20. *u* is also found in *utre* (ultra) 57 c 28, *amur* 2 a 14; *cum* (quomodo) 125 c 16, *Pampelune* (Populonium) in rime with *une* 73 c 35, (pretonic) *plunger* 28 b 34, *corrumpu* 69 b 19, *volunté* 107 c 32 (cf. *volenté* 14 b 20), *denuntiee* 59 d 36 (cf. *denontia* 60 a 3), *soccurusse* 53 d 26, (in learned words before nasals) *defunct*, *compunct* 84 c 29—30.

22. Latin ŏ (in open syllable) regularly becomes *oe*. *soegres* 64 a 5, *oes* (opus) 58 c 18, *joevnes* (u = o̧ = oe) 37 b 3, 86 a 12. *joefne* 121 a 32, *nevoroec* (ō = o̧ = oe) 42 a 19, *foer* 24 a 13, 93 d 8, 126 a 36, 139 b 5, 30 a 21, 58 b 8, *moet* (mŏvet) rimes with *qoelt* 111 a 27, *rcqoelt* 100 a 6, *proeve* 61 c 10, 111 d 30, *moert* 2 c 8, *qoers*

30 d 16, *soers* 30 d 15, *troeve* 111 d 29, *voelt* 111 b 26, 114 d 26, 88 c 27, 22 a 27, 62 d 10, *soelz* 115 b 18, *soelt* 9 b 32, *soefrent* (ŭ = ǫ = oe) 92 b 19, *proef* 84 a 25, 115 d 5, *poet* 13 a 18, 15 d 23, 90 b 33, *estoet* 90 b 34, *doel* 27 b 24, *iloec* 28 b 36, *demoere* rimes with *foere* 105 d 24 (cf. *demoure* (o) in rime with *oure* 69 c 31, *demore* in rime with *ore* 46 a 14); *hoem* 16 a 28, 16 b 9, 18 b 10, *soen* (sŏnus) 25 d 27, 23 d 28, *soen* (suum) 9 a 6.

o is rarely found: *ovres* 138 b 34 (cf. *oevres* 87 b 18), *jovres* 138 c 1 (cf *joevnes*, *joefne* above)

ŏ occasionally becomes *ue* but this change is confined to certain words: *quens* (nasal) 75 c 3, 46 d 8, *flueve* 58 a 3 (cf. *fluve* 73 a 28, *fluves* 86 c 27), *fuer* 43 a 33, 150 c 2, 150 a 36, *quer* in rime with *requer* 21 c 16, 150 c 1, 84 c 30, 76 c 24, 21 d 27, 139 b 6, *muerge* (moriat) 122 d 7, *muer* (morio) 38 c 17, *muert* 35 d 4, *sueil* (sŏleum) 126 a 23

The diphthong is sometimes represented by *e* in certain words (before or after several down-strokes and l + cons.). *fleve* 72 d 30, 28 b 35, 14 a 3, 133 b 18, 63 a 22, *velt* (vŏlet) 75 b 8, *qelt* (colligit) 34 d 17, 42 d 18, *selt* 41 d 25, 84 c 10, 76 b 21, 35 c 9, 37 d 20, 31 c 4 (cf. *seut* 127 c 33, 132 b 34, *seult* 148 d 13), *mert* (moritur) 111 a 2, 110 c 14 For *velt*, *selt*, *veut*, *seut*, see Huber's Abhandlung uber die Sprache du Mont Saint-Michel (Herrigs Archiv, 1886, p 173). *en* (homo) 113 a 19, 142 a 21, 34 c 32.

ŏ + nasal is regularly treated as in French: *om* 89 b 19, *hom* 13 a 1, *bons* 18 c 20. Cf. *hoem* etc. above

ŏ + *u* becomes *u* in *fu* (fŏcus) 126 d 18, in rime with *tenu* 127 a 10 (cf. *feus* 2 a 7, *feu* 127 a 25, 127 b 1, 128 b 33).

23. Pretonic ŏ is represented by ę in *enorables* 12 b 16, *enour* 33 d 10, 69 d 33, *enor* 33 b 35 (cf *onour* 74 c 28), *escures* (obscurus) 2 c 15, *reqeneu* 12 a 30, *qeneu* 16 a 10, *qenoissoient* 18 d 8, *precheine* 84 b 14.

24. The diphthong *ui* (Latin ŏ + i, u + i) is rarely represented by *ue* : *pues* (post) 3 a 29, 119 d 28, 70 a 21, 39 c 8 (cf. *puis* 10 d 32, 22 b 8), *puesse* 115 c 28 (cf. *puisse* 101 b 15), *puessent* 141 a 30, *nuet* (noctem) 51 a 35, 88 d 9, 56 d 26, *nuez* 114 a 34, 49 a 17.

In certain words *u* is sometimes found. *lu* 70 c 26, 84 c 19, 89 b 25, 103 a 2, 109 c 23, 125 c 3, *celu* 95 a 12, rimes with *tenu* 71 a 29, *pus* (post) 94 c 31, 68 c 21, 39 d 14, *autru* rimes with *salu* 72 b 4, *us* (ōstium) 27 c 30, 45 b 6, rimes with *plus* 25 b 5, with *jus* 86 d 8. *souzdut* (duxit) rimes with *decut* 46 b 16, *dedut* rimes with *desplut* 84 a 2, *frut* 77 c 10, *fruz* rimes with *vertuz* 37 b 27, *nut* 70 c 36, rimes with *brut* 68 a 19, with *fut* 113 d 29, (pretonic) *russeaus* 46 a 27, *amenuser* 56 a 1, *amenusa* 26 d 34. *i* is rare . *qisses* (coxa) 134 a 15, 144 a 7, *aprismer* 47 a 11. Stimming calls this reduction "Vereinfachung". See B de H. pp. 209—210

25. Latin ū becomes *o* in *costome* 132 b 13, in rime with *Rome* 47 b 17, 102 c 25, 84 c 5 (cf. *coustume* 93 a 14, 81 c 5, 91 c 5, 91 d 11, 95 a 11, *costoume* 90 a 16), *commone* (commūnis) in rime with *done* 147 c 4 (cf. *commune* 147 c 22) — *ui* is found once : *qenuiz* (in rime with *fiz* 56 d 29)·

> Lors fut vencu — ja soit qenuiz —
> Benoit, si dist "Ou est tis fiz?"

26. Meyer (p 197, 9) speaks of the development of a semi-vocalic *i* before the tonic syllable. This is confined to certain words (ē) *voier* 58 d 3 (cf. *voirrez* 65 a 32, *voira* 139 b 7, *veiras* 144 d 26, *verras* 140 b 2, *voer-*

— 51 —

rez 44 d 23), *soieit* 149 b 25, 92 a 11, 46 d 19, *voieit* 60 a 25, 134 a 33 (cf. *veoient* 60 b 7, *voeit* 133 d 16, in rime with *descroeit* 133 a 5), *veion* 93 b 21, *croiez* 135 b 5 (cf. *creant* 96 c 28, *creeit* 144 c 17), cf. B. de H. p 199; (ĕ) *voia* (věto) 60 a 9. (ǫ) *poions* 125 d 26 (cf. *pooms* 125 d 23).[1]

27. A pretonic vowel becomes *o* in the still unexplained *noanz* (natantes) 59 a 10, *noer* (natare) 63 a 23, *soveaus* (through the influence of the v) 142 b 1, *proëchor* 12 a 2, *proëchours* 62 a 32, *proecher* 18 b 18, *proechier* 18 b 35, 18 c 10 (cf *preecher* 18 b), *proechot* 18 d 19, *agroira* 62 a 18 (cf. *agrea* 35 a 20 to which *agreera* should correspond; for the *i* cf. *multeploira* 24 b 30, v Meyer's note to Verse 2447, Rom. XII, p. 185), *benoicon* 33 d 19, 41 c 10 (cf *beneicon* 25 a 25)

Pretonic *e* (before r) becomes *a* in *sarmons* 18 d 22. *a* for ŏ occurs in *prametoie* 15 d 16, *pramesse* 55 a 15.

28. Assimilation of a pretonic vowel occurs in *aage* 33 d 24, 68 d 8, 29 d 18, *cracace* 34 c 22, *manace* 52 a 35, 44 b 11, *manacant* 51 d 29, *parmanable* 62 b 3, *graable* 106 a 8, 43 a 28.

29 Loss of pretonic vowel before r in the future and conditional of the 1 Conjugation: (after n) *donroit* 29 d 27, *amenras* 117 b 15, *enmenrai* 98 c 30, (after v) *provrai* 124 a 15, 24 f 24, *provrei* 33 b 17, *provra* 138 a 33, *provront* 124 c 2, *trovrez* 40 d 1, *trovroient* 23 c 3, *levra* 110 d 3, *achevrei* 61 b 25, *grevront* 130 a 15, (after r) *durra* 140 d 14, 123 c 24, *devorra* 53 c 3, (after u) *furreit* (fuir) 93 c 13, (after dental) *quidreit* 83 b 1, *doutras*

---

[1] Stimming (p. 200) says. «Die Vertauschung von oi mit o ist zwar dem Picardischen nicht fremd, im Agn scheint sie aber kaum bekannt gewesen zu sein Auban v 941 hat voer (vĭdēre), was Suchier (S 50) durch Analogie von poer erklart»

142 d 10, *acquittroie* 61 d 15, (after cons. + dental) *gardront* 97 d 18, *gardras* 64 d 34, *esgardreit* 83 a 34, *deguastra* 130 a 17, *ostra* 76 d 8, 81 a 4, *goustra* 99 a 5, (after nasal + dental) *amendront* 62 a 25, *amendreit* 40 a 20, *demandrai* 85 b 21 (cf. *demandera* 103 a 14), *entront* 80 c 12, *recontrei* (reconter) 68 c 30, *entrinement* 18 d 11, 27 b 21 (cf. *enterinisme* 76 a 20), (after g) *vigrous* 17 d 36.

30 Double consonants are frequently retained. *merre* (matrem) in rime with *terre* 140 a 11, *Pierre* 142 a 8, 13 a 26, 72 b 9, 39 c 16, *harra* 42 a 24, *dirra* 127 b 36, *dirre* 9 b 32, *nulle* 84 b 9, *frerre* in rime with *terre* 16 d 5.

Double consonants sometimes are found of which the first is *inorganic*: *reddevance* 141 c 20, *relligion* 73 b 6 The sound ss in mod. french is regularly represented by sc in the ending —*esce* (Latin, —*itia*): *tristesce* 11 b 1, *destresce* 22 b 28, *leiesce* 43 a 35. *n* mouillé is usually represented by *ngn*· *enseingniez* 13 a 25, *desdeingnant* 17 d 14

31. Considerable vacillation is observed in Angier's treatment of *l*. *l* (before consonants) is either retained or vocalized to *u* and sometimes dissappears without leaving a trace· (after a) *chevals* 19 b 16, *chevaus* 19 c 24; *valt* 32 d 18, *vaut* 32 c 25; *valdra* 64 c 3, *vaudra* 151 a 30; *salvere* 2 a 22, *sauveour* 131 d 17, *malfe* 55 a 27, *maufe* 55 b 14; *espirtalement* 51 d 10, *espirtaument* 51 d 6; *communalment* 37 d 24, *communaument* 79 a 36.

Final *l* is often vocalized when it stands before a word beginning with a consonant· *apostoliau* (sé) 138 c 8, *mortau* (sentence) 136 d 26, *mau* (tort) 128 a 15, *celestiau* (tresor) 125 a 20, *corporau* (maison) 123 c 1, *celestiau* (clarté) 117 a 25, *espiritau* (nature) 112 c 1. After o · *volz* (voltus) 116 b 10, *vout* 64 c 17; *molt* 67 b 35, *mouz* (multos) 133 b 14; *voldrei* 76 b 29, *voldras* 66 a 9, *voldront* 57 b 5, *voudras* 65 d 8; *cops* 27 b 26, *copable* 32 a 20   After *u*: *nuls* 32 b 22, *nus* 93 c 10, 18 d 9; *ultre* 9 d 33, *utre* 57 c 28, *sepulcre* 89 d 6, *sepucre* 74 c 29. After *e* *melz* 29 b 8, *mielz* 33 a 19, *miez* 32 b 35, *meuz* 92 d 28; *uelz* 69 b 1, *jarzels* in rime with *feissels* 132 a 5, *jarzeus* in rime with *desleraus* 132 a 17   After *oe*: *voelt* 62 d 13, *voet* 9 b 37 (cf *qoelt* in rime with *moet* 111 a 28). *l* mouillé is apparently dropped or retained in *oilz* 14 c 16, 109 b 29, 67 b 15, 68 d 13, *oiz* in rime with *croiz* (crŭcem) 44 d 21, 29 b 24 (cf *oeilz* 99 d 35, *oil* in rime with *soloil* 140 b 31). *After* diphthongal *ea* *beals* 38 a 18, *beaus* 11 d 36, *chasteals* 18 d 20, *chasteau* 102 b 17.

IV. MORPHOLOGY.

32. Meyer (Rom XII, pp. 198—21) has mentioned the striking peculiarities found in the *Vie de Grégoire*. In our text the same facts are observed. The substitution of the accusative for the nominative is of frequent occurrence not only in rime, but also in the interior of the verse: *Enchanteour* 17 b 21 and *enchantiere* 17 b 14 are both used as nominatives, so also *nevu* 26 a 32 and *nies* 24 d 30, *sauviere* (in rime with *maniere*) 131 d 7 and *sauveour* (in rime with *creatour*) 131 d 17. The nominative for accusative is sometimes found: (vers le) *lerre* in rime with *frerre* 16 d 4 (cf. *larron* 16 c 2).

33. Angier is very fond of using diminutives: *feuet* 28 d 23, *gotette* 49 b 36, *eschielette* (bell) 35 b 25, *matinet* 58 b 33, *enfantez* 29 d 17.

(Adjectives) *noiret* 36 b 21, *souavet* 31 a 16, *petitez* 29 d 18

34. The adjectival ending —*al* (Latin —*alis*) very frequently receives an inorganic e when the modified noun is feminine: *leiale* 108 d 9, *esperitale* 58 a 35, *celestiale* 58 a 36, *charnale* 72 a 35, *mortale* 72 c 36, *corporales* 77 a 33, *temporale* 93 a 26, *principale* 94 b 22, *naturale* 125 a 35, *tele* 92 a 3, *itale* 57 b 19, 57 c 20, *queles* 54 a 17, *quele* 56 d 18 cf B. de H. XX

(Participles) *manante-eissante* 112 b 31—32, *vivante* 112 d 13, *patiente-fervente* 118 d 3—4, *resplendissante* 118 d 28, *tremblante* 119 a 21, *remordante* 129 a 15, *ardante-goutante* 130 a 3—4, *aproechante* 131 a 13, *jettantes* 131 c 14.

35. Adjectives are occasionally preceded by *non* which is used as a prefix with privative force. In some cases graphic fusion occurs in the manuscript. *Nonvoiable* 113 a 6, 127 a 20, *non veiables* 85 b 3, *non savant* 34 a 20, 54 a 29, *non saive* 34 a 22, *non sage* 53 a 6, *non barbu* 62 c 26, *non justes* 126 c 36, *non raisnables* 110 d 30, *non sensable* 129 b 34, *non corporal* 126 d 33, *non finale* 123 d 16, *non mortale* 96 a 36, *non devisable* 123 d 16, *non profitable* 80 c 28, *non pareissables* 131 c 32.

(before adverbs) *non dingnement* 68 c 7, *non finablement* 141 a 19, *non corporaument* 126 d 30.

(before nouns) *non savance* 2 d 4, *non saveir* 106 b 35, *non raison* 128 a 15, *non mortalité* 110 c 29.

The above use of *non* is found chiefly in the portions of the translation where philosophical contemplation occurs. Angier struggles with the difficulties of translating a language, rich in variety of expression, into one much more limited in vocabulary.

36. Meyer calls attention to the personal pronoun *is* (third person sing. or plur.) This is of not infrequent occurence in our text. *Dom is ses lampes alumast* 21 b 24, *Quant is segreement orassent* 76 c 4.

37. Our text offers many examples of the neuter *el (oel)*, frequently after *q (que)*, with certain verbs: (estre) *Segon co q'oel ert sis desir* 24 a 34, *el ert sis poeir* 28 b 22, *desq'oel est ainsi* 66 a 13, *oel est de lui meisme dit* 63 a 3, *oel n'ert pas raison* 67 a 25, *cit q'oel ert houre* 69 b 23, *quid q'oel fut donc proef del seir* 87 c 2, *oel est*

tens 106 d 12, *oel ert tens* 116 a 23, *oel ert ja trop tart* 30 c 34, *el ert ja tart* 58 a 13. (avint) *el avint* 48 d 17, 15 b 35, 18 b 36, 94 b 16, 120 d 13, 145 c 32, *oel avint* 20 c 37, 25 d 8, 86 c 17. (aveir) *Avint issi q'oel i ot faille | Par un altre tens de vitaille* 50 b 7—8, *Si q'oel n'i ot fors soulement | un petit d'oile* 54 b 16, *Si q'oel n'i ot maes qe bechier* 77 c 17. (poeir) *s'oel estre poet* 24 b 21, *s'oel estre peust* 54 b 27. (plaire) *Tant q'oel plut a nostre seignor* 35 c 17, *Tant q'oel plut a Deu q'il finit* 88 d 2, *s'oel plaist a Dé* 98 a 24. (faire) *Mais ors sai bien q'oel fait a craire* 16 d 35. (valeir) *vaut lor el ou non?* 144 c 32, *Vaudra lor oel a maire proeu | Qe lor cors sont enz en seint loeu | Q'oel fereit s'is fussent defors?* 144 c 35—. (sovenir) *Dom oel m'en sovient orendroit* 55 d 12 (peser) *Qui q'el en peise e qui q'en rie* 71 b 16. (enjorner) *E lors al ainz q'oel enjorna* 80 a 18

38. The tonic forms of the personal pronouns (Latin mĕ, tĕ, sĕ) are usually employed where in French the atonic forms are regularly used: *d'els moi terrai* 98 a 21, *Si moi laissez* 22 b 36, *Di porquoi tu tant moi guerroies* 44 b 4; *sospris toi voi* 71 d 7, *toi voeil deproier* 59 d 7, *toi dis* 19 c 32, *toi dirrei* 51 d 35, *ne toi voeil pas taire* 53 d 1, *toi fui aidable* 137 c 13; *il soi herbejot* 98 b 19, *Lors soi mistrent en oreison* 99 a 9, *al chemin soi met* 19 c 27, *vers cel pais soi mut* 20 a 25, *soi tient vil* 20 b 18, *fist soi il* 71 a 17 (cf. *fist s'il* 97 c 33, *fait se il* 10 c 34, 112 d 25),[1] *en lui tant soi fiot* 14 d 14, *soi venquit* 15 a 11, *me deist* 97 c 31, *si Dé me saut* 98 c 27, *si te plaist, moi di* 43 d 9, *voeil qe desclos te soit* 59 d 18, *mal ne te fis* 136 c 29, *si te porvoies* 143 b 5, *te disoie* 48 b 31, *itant te di* 143 b 7, *ne se tarza* 44 c 9, *quant*

---

[1] v. Tobler, Vermischte Beiträge II, p. 68.

guari 'se sentit 47 d 7, *se jut* 14 c 6, 71 d 32, *se' couchot* 82 d 16, *Is se sont vers nos mespris* 150 d 15 cf. § 26.

39. As in the *Vie de Gregoire* so also in our text the article *li* (nominative masc. sing.) and *le* or *lu* (acc. masc. sing.) are used.

In the first 65 leaves of the manuscript *lui* for *lu* is not infrequently found: *Pues mistrent avant les salieres | E les coutels e les cuillieres, | En apres, lui pein 'e lui iin* 65 b 25—; *E sachiez q'a bon droit avint | Q'encontre soi lui dragon vit* 53 c 14—; *Si encontrot enz el chemin | Lui Malfe en guise de miege* 55 a 26—; *Lui vilain tormenter cessa* 56 a 6, *Quant lui vilein vit deslie* 56 b 9; *Lui* seems to be a graphic variant of *lu*.

The demonstrative adjective *ist* frequently occurs: *d'ist pais* 63 c 34, *en iste terre* 63 d 19, *d'iste iglise* 87 b 34, *d'iste vie* 91 a 28. This form was rare in Old French (v. Schwan-Behrens, Grammatik des Altfranzösischen, p. 160, Anm.)

40. The personal pronoun (before the verb) of the third person (acc. masc. sing.) is *lui* or *lu*, *le*, very rarely *li*. (dat. masc. sing.) *lui*, *lu*, occasionally *li Qui lui jeta de son ostal* 28 d 25, *Si lui reprist molt asprement* 54 d 10, *sovent lu nomot* 80 a 15, *quant il lu vit* 82 b 35, *lu descaucot* 87 c 18, *Einsi q'il lu sot tant digne estre | Q'ordrener lu feseit a prestre* 89 b 25—. After prepositions *lu* is rare: *a lu apparut* 90 b 10, *com en lu fut grant* 70 a 9, *li seint fut de lu ieu* 90 b 8. (Dative) *si lu dist* 90 a 24, *lu offrirent deniers* 77 a 1, *Si li dist "comment te vait, frerre?"* 16 d 5, *li fuit | sis sancs* 16 c 18, *Qui li osta ses genitaires* 17 a 26, *jus le jeterent | de son cheval* 13 d 18, *Plusors des noz ben li genurent | Qui molt familier li furent* 76 b 1.

The tonic feminine form *lei* (*le*), peculiar to the Lotharingian and Walloon dialect (v. Gröber's Grundriss, Band I, p. 626), occasionally occurs: *par lei* (= *fei*) 97 d 17, (*i mistrent peine*) *de lei soccoure* 28 b 27, *chies lei* 45 c 18, *Qe il la deingnast regarder | Eintiemes de lei escouter* 64 b 33—; (*ora*) *por le* 28 c 24, *en le entrerent* (*maufez*) 28 c 2.

41. The frequency of *lu quel, la quele, les quels, as quels,* in place of the relative pronoun *qui, que, cui* (which Meyer remarks in the *Vie de Gregoire*) is also observed in our text: (*uns oem*) *Lu quel cil desirot voier* 127 d 11, *Car la nef prest lui atent | Enz en la quele ensemblement | Passer devons jesq'en Sezile* 131 a 21—, (*lor amis*) *Les quels is genoissoient vifs* 130 a 22, (*peines*) *Les queles por oir ne croient* 131 c 30, *As quels cil disoient* 130 d 14. *Qui* is graphic for *cui* *La qui religiouse vie | Nos sostint en ceste abbeie* 130 d 21, *En qui sofrit morte temporale* 66 b 33, *A qui co desplut* 52 b 11. (v. Gröber's Grundriss, Band I, p. 641· "Die Schreibung qui neben cui darf nicht über die Aussprache tauschen".)

42. In some verbs a mixture of conjugation is found: *quidoit* in rime with *soloit* 56 a 25, *quidot* 70 a 5, *amoit* in rime with *eroit* (= lat. erat., V. Meyer, p. 201) 72 b 26, *amot* 77 a 32, *moustrirai* 109 c 23, 108 a 15, *mostrirons* 135 b 31, *moustra* 34 c 5, *plorireit* 106 d 33, *plorut* 43 c 6, in rime with *mut* 28 c 12, *enterrirai* 126 a 18, *enterrerent* 126 b 14, *justiseit* in rime with *deit* 71 b 25, *justisot* 64 a 6, *beissit* 120 c 6, *peisseit* in rime with *aveit* 38 c 6, *pesseit* in rime with *ereit* (= lat erat) 104 a 23, *peissoit* 104 b 4, *peissot* in rime with *plot* 104 b 17, with *ot* 35 b 29, *reverluz* in rime with *vertuz* 75 d 23, *sentue* in rime with *veue* 109 c 4, *sentuz* in rime with *feruz* 40 b 23, *cremeit* (*cremir*) 25 b 23, *cremut* 121 d 6.

cremurent in rime with *furent* 91 b 27, *finee* (in rime) 57 a 21, *finie* (in rime) 57 d 23.

43. A list of presents in inorganic *c* is worthy of mention (**a**) *aourc* (adoro) 2 d 13, *comanc* 73 c 4, *commanc* 88 b 10, *manc* 145 c 2, *conseilc* (conseiller) 151 a 25, 78 b 1, (**b**) *arc* (ardeo) 146 b 1, *responc* (respondeo) 113 d 7, *tienc* (teneo) 71 d 11, 131 c 10, (**c**) *perc* (perdo) 121 c 20, *reqierc* (requaero) 2 d 13, *entenc* (intendo) 21 c 3, 55 c 5, 126 d 21, 59 d 6, 63 c 3, 99 a 20. 100 c 6, 113 b 6, 127 b 30, *renc* 48 b 17, 115 d 1, 82 c 9, 136 b 7, *enprenc* 63 c 6, *prenc* 115 d 2, (**d**) *vienc* (venio) 131 b 9, *assenc* (assentio) 80 c 31, *senc* 99 c 30, 139 d 5, *serc* (servio) 127 c 29 *rench* (rendre) 64 c 5, *renconch* (reconter) 70 c 35 may also be mentioned here.

44. Analogy explains the numerous present subjunctives in —*ge* which Angier is very fond of using: (**a**) *donges* (doner) 2 b 21, 2 d 15, *donge* 62 c 35, 64 a 30, 62 b 7, 106 c 25, *conges* (conter) 11 d 18, 21 c 17, *conge* 12 b 1, *amenge* (amender) 33 a 15, *alge* (aler) 15 d 15, *auges* 95 d 35, *auge* 61 a 28, *augent* 85 a 28, *aliege* (allevare) 71 c 34, *ceilgent* (celare) 25 c 25, *ensengon* (insignare) 14 a 35, *garges* (garder) 16 c 1, 64 d 33, 148 a 34, 57 a 11, *garge* 33 a 16, *garjes* 79 c 3, *apeauge* (appellare) 33 b 35, *deingent* (dignare) 109 a 5, 33 d 9, *deinges* 37 b 17, 59 d 8, *preige* (precare) 30 b 28, *resuciges* (resuscitare) 30 d 28, *reveillgent* (revelare) 25 c 26, *tormenge* (tormentare) 136 a 22; (**b**) *iauge* (valeir) 121 c 12, *voilgent* (voleir) 88 c 14, *voilge* 108 d 34, 110 b 23; (**c**) *atengent* (atendre) 123 d 2, *esteinge* (extinguere) 127 a 36, *dige* (dire) 127 b 26, *defenge* (defendre) 19 b 5, *esprenge* (esprendre) 12 a 9, *prenge* 103 d 25, 30 b 29, 63 a 15, 64 c 8, *mesprenge* 33 a 16, *metges* (metre) 85 d 30, *remainge* (remaindre) 98 b 33, *retroiges* (retraire) 73 b 29,

renges (rendre) 57 a 16, *renge* 103 d 26, *rengon* 14 a 36, *tauges* (taire) 65 d 22, *teinge* (tingere) 127 a 35; *vigent* (vivre) 107 d 26, *vige* 112 c 13, (**d**) *tienge* (tenir) 32 d 12, 62 a 13, 14 a 37, 84 a 6, 63 b 13; *tiengent* 129 d 5, *tenge* 63 a 16, *tienges* 73 b 30, *retengiez* 98 c 21, *retiengiez* 151 a 2, *detienge* 131 a 32, *avienge* (venir) 14 b 1, 108 a 3, *vienge* 17 c 29, 103 d 25, 131 a 19, 131 a 31, 117 b 12, 46 a 8, 77 c 31, *viengent* 129 d 6, *covienge* 65 a 6, *revienges* 79 c 5, *sovienge* 129 c 24, 84 a 5, 108 a 4.

45. The imperfect subjunctive (3rd plural) occasionally ends in tonic —*ont*: *criesont* (crier) 46 d 36, *desjeunesont* 46 a 16, *gardesont* 45 a 12, *repeirissont* 75 d 19, *fussont* 75 d 20, *tausisont* 149 c 31, *rendissont* 29 d 25, *souffrissont* 92 c 20, *servissont* 36 d 34, *emplissont* 102 d 33

46 The following forms of the past subjunctive are of interest. The *s* is explained by analogy.

Other examples are numerous.

Somonsist 111 b 8, *garisist* 105 d 3, *defendesist* 147 d 6, *feisissent* 106 d 36, *geilsist* 111 b 7, *tensist* 102 a 28, *revesqesist* 85 d 16, *mentisist* 21 d 12, *partisist* 18 b 5, *tenqisist* 15 a 14.

46. The first person plural has three endings (ons, om, on): *quidons-louons* 118 c 23—24, *poions-sachons* 71 c 13—14; *reposom* 20 a 2, *creom* 20 c 2, *soiom* 46 a 3, *poom* 20 c 6, *orom* 40 b 1, *faisom* 66 d 16, *irron* 12 c 15, *feron* 29 d 33, *movon* 20 a 5 In the revision an *s* is occasionally added in red to -on: *avons* 23 b 12, *trovons* 23 c 38, *eiomes* (habeamus) 72 b 20 is worthy of mention.

47. A striking feature of our text is the absence of a fixed orthography. The graphic variations are numerous. The language is by no means pure, even though we assume that we have Angier's autograph He was undoubtedly acquainted to some extent with the secular

literature of France (v. 9 c 29—). The influence of the forms of the literary dialects known to Angier may in many cases explain the variations in the orthography, of which we here record a partial list,[1] Some doublets are also included here

(*isle*) *Albe* 74 b 14, *Elbe* 74 c 16, *amdui* 84 c 35, *amdoi* 19 c 18; *Arrien* in rime with *sen* 95 d 26, *arrieins* in rime with *veins* 96 a 18, *baptaiez* 125 a 5, *baptizez* 125 a 16; *brui* in rime with *amdui* 28 a 15, *breu* 28 a 19, *chaiene* 83 d 25, *chaene* 84 a 36, *chaeine* in rime with *precheine* 84 b 13; *cheisnes* in rime with *freisnes* 83 a 35, *chaesne* 77 d 24, *chesne* 77 d 28, *craest* (crescit) 9 b 8, *croist* 9 b 23, *conseilz* 2 c 19, *conselz* 137 a 22, 57 a 10; *cuals* 24 d 32, *cuials* 25 b 16, *cuiel* 25 a 26, *cuel* 54 d 31, *Dé* (very frequent), *Deus* 27 d 17, *Dex* 38 c 33, 58 b 23, 60 c 33; *deable* 55 a 20, *deiable* 18 a 27, *diacre* 52 b 29, *deiacre* 58 c 32; *delitable* 46 a 22, *deleitable* 46 a 29; *dous* (duos) 23 b 1, *dui* 26 d 12, *deus* 25 b 38, *enteime* 141 c 25, 92 c 31, *einteme* 129 d 22, *einteime* 27 d 19, *ainteime* 17 d 1, *einteimes* 83 b 9, 64 b 34; *einsi* 13 a 24, *ensi* 16 c 31, 38 a 19, *einssi* 42 a 25, *eissi* 28 d 26, *issi* 12 c 21; *ensemle* 40 b 5, *ensemble* 40 d 2, *espoventez* 20 a 26, *espoenta* 28 a 27; *espirz* 123 c 18, *esperiz* 110 a 3, *espierz* 126 a 27, *eirisie* 95 b 6, *eresie* 98 a 20, *ereisie* 94 b 15; *faiels* in rime with *flaiels* 66 b 6, *feiels* 37 a 17, *feials* in rime with *mortals* 71 a 5, *feaus* 68 c 26, *foiaus* 131 d 16, *foeil* in rime with *conseil* 65 a 10, *fedeilz* (learned) in rime with *soleilz* 2 c 18, *feoie* 56 c 3, *foie* 57 b 29, *foiz* 143 d 21, *Gotheis* 30 a 27, *Gothais* 46 c 21, *Gotaes* 29 d 13; *graice* 68 d 12, *graices* 42 b 27, *grace*

---

[1] Meyer has already remarked that Angier does not hesitate to give two terminations to the same word for the sake of the rime (p 201)

— 62 —

73 c 33; *iloec* 83 d 15, *iloeqes* 94 c 33; *is t'en* 88 b 18, *eis t'en* 88 b 11, *isnel* 128 b 17, *ignel* 16 b 32, *isnal* in rime with *cheval* 20 a 12, *liu* 10 d 16, *leus* 10 d 21; *mesaaisie* 54 a 11, *mesaisiez* 53 d 7; *mistere* 149 c 17, *mistire* in rime with *Sire* 149 d 23, *naessues* in rime with *aperceues* 144 b 24, *né* 144 d 34; *oïl* (yes) 67 c 5, *oal* 23 b 17; *ore* 16 d 23, *ores* 16 d 32, *ors* 16 d 35, 17 c 2; *owilles* 79 d 9, *ovilles* 84 b 31, *oveilles* 105 d 29.

Paradis in rime with *pais* (pays) 109 a 34, *Paroeis* 109 a 26; *parfit* 118 c 17, *parfeit* 118 c 23; *plout* in rime with *sout* (solvere) 10 b 13, *plot* in rime with *chacot* 96 c 24, *plut* in rime with *fut* 119 d 1; *pou* 40 c 36, *poi* (regular form) 54 b 28, *prou* 128 c 29, 151 a 3, *proeu* in rime with *loeu* 144 c 35; *puissance* 55 c 30, *puessance* 56 c 12, *poissance* 55 c 34, *regere* in rime with *salvere* 2 a 23, *regiers* 150 d 9, 141 b 27, 146 a 25, *regiere* 129 b 1, 148 a 19, *regierre* 111 c 29, *regieres* 149 b 24, 143 d 20 (v. Meyer, p. 207); *riule* (regula) 35 b 1, *regle* (learned) 37 c 29, *reille* 59 d 26, 148 a 6, 147 b 35, 93 b 20, 151 a 8 (v. fac-simile, Rom. XII, p. 152—); *sevels* (au moins) 74 b 10, 43 a 2, 9 d 7, *seveals* 23 b 29, *seveaus* 88 b 36, *sovels* 29 b 9, 84 b 3, *soveaus* 142 b 1, 113 d 25, *sivel* 3 a 20; *remis* 121 c 12, *remasiz* in rime with *resaziz* 104 a 28, *remasu* in rime with *vencu* 20 a 9; *saispezain* 16 a 23, *souzpezain* 15 c 10; *vencu* 113 a 33, *veincuz* 113 c 28; *Wandalais* 63 d 17, *Guandalois* 64 a 6.

48. In Angier's adaptation of Latin proper names a singular freedom is observed. The variations are especially noticeable in rime.

(a) The name may be simply transcribed: *Placidus* 39 d 18, *Severus* 31 d 1, *Venantius* 12 b 22. The usual form may be used: *Puille* (Apulia) 68 d 2.

(b) The ending —us is not infrequently changed to

—on : *Copioson* 147 b 15 (cf. *Copiosus* 147 b 8), *Mauron* 39 d 12 (cf. *Maurus* 39 d 14, *Morin* 40 a 21), *Placidon* 39 d 13, *Padon* 73 c 3, *Simacon* (Symmachus) 128 a 16 (cf. *Simac* 127 d 34), *Seriulon* 118 a 20, *Theodoron* 135 c 35, *Lazaron* 129 d 36 (cf. *Lazre* 129 c 15).

(c) —atius —asius : *Boneface* 24 c 28, *Bonefaice* 25 d 5, *Anestaise* 22 c 31. —antius · *Coustant* (nom.) 21 c 19, *Costanz* 21 d 33, *Coustance* 3 d XV. — atus. *Fortuné* 17 a 1, *Honoré* 12 c 7, *Enoré* 12 b 27. —anus *Freitheiein* (Frigdianus) in rime with *proechein* 72 d 24, *Freithien* in rime with *crestien* 73 a 13. *Jonathé* (Jonatha) in rime with *De* 20 b 36, *Abrahé* in rime with *enterré* 127 a 24, *Abraham* in rime with *aham* (pain) 127 a 29, *Evasant* (Evasa) in rime with *habitant* 132 b 36. —ensis : *Cothronais* (Cotronensis) 102 b 17, *Luqes* (Lucensis) in rime with *ilouqes* 72 d 31, *Lunaise* in rime with *aise* 72 d 21 —entius *Gaudent* in rime with *sovent* 24 c 32. —inus *Boucelins* 14 b 34. *Costentin* 34 a 28, *Albin* 18 d 4. —ica *Vulgaresche* (Bulgarica) 125 c 12 —icus : *Theodric* 127 c 25, *Toedri* 127 c 36 —onius. *Cerbon* 73 c 34 —orium : *Castour* (Castorium) 17 b 24 —urnus : *Voitur* (Vulturnus) in rime with *lour* 14 a 3. We may also mention *Quaresmes* (Quadragesimus) 84 b 26, *Quaremme* in rime with *femme* 84 c 23, *Fondes* (Fondis) 12 d 16.

V. ORDER OF WORDS.

49. Our text shows in a marked degree the freedom from restrictions in the order of words which Old French partially shared with the Latin. A few facts are worthy of mention here.

The pronoun (direct or indirect object) follows the verb in the following examples: *D'icels q'il apres soi laissa | Pot le nul en vertuz ensivre* 13 c 28, *Enquistrent lui quei co deust* 50 a 27, *Destienent soi de co qe laist* 115 b 35, *Com Deu fist lui corporaument* 115 a 14, *Co fait a savoir entre quels | Comprent soi e autres itels* 62 a 33— (v. Völcker, Die Wortstellung in den ältesten französischen Sprachdenkmälern, p. 36). This usage was already becoming rare in the thirteenth century (v Gröber's Grundriss, Band I, p. 653) We may also mention here the postposition of the subject and object in questions and parenthetical phrases: *qenois le tu?* 29 c 37, *qenois les tu?* 116 c 1. *faz li jo* 110 b 5, *co dist soi cil* 142 d 5. After *car* (ors, mais) the pronoun object precedes the affirmative imperative in the following examples: *Car ors moi di la verité* 85 b 20, *car lu m'achieve* 85 d 28, *car le moi di* 31 a 25, *car moi di donc* 146 b 35, (after ors) *ors me di tant* 143 b 32, (after mais) *mais itant me di* 137 b 36

50. In the manuscript the object pronoun is sometimes separated from the verb: *Moi par est grief* 63 c 5, *E qe lui od tot n'occeist* 83 c 33, *Por co qe lui pas ne qenurent* 89 a 8, *Car lu li or n'en ert meins bel* 32 d 19

51. The atonic form of the pronoun in Old French could only stand after (not before) the infinitive. This position is first found in the Books of Kings (v Grober's Grundriss, Band I, p 654) Our text offers a few examples *Car, sachez, mielz voeil apaier | Deu e ses sainz od verité | Q'offendre les od fauseté* 33 b 2—, *Por co devons a tel besoing | Querre, ja tant ne soient loing, | Noz proemes, purs en charité | E paier les d'umilité* 150 c 25—, *Por garder les de blesmeure* 132 d 31.

The rule is sometimes violated:

De son lit ne se pot moveir | Nis tant qe por negun afaire | Piez ne meins peust a sei traire | Ne virer soi sor coste destre 117 c 36—, *(voloient) Commander soi a sa proiere* 83 a 23—; *Si ne pot en nule maniere | Remuer soi n'avant n'ariere* 88 d 25, *Tant q'il ne pot por nul besoing | Remuer soi ne praes ne loing* 22 b 10—; *por les norrir* 39 d 4

52 Although the finite verb usually takes to itself the complements of the infinitive, we have exceptions: *Car lui espoenter quidoit* 56 a 25, *Qe lui voier negun ne pot* 94 c 20.

53 The adverbs of time in the oldest monuments of French Literature are almost always found before the verb (v. Volcker, p 46) In our text they are often placed after the verb: *S'eschapa donc sanz plus de mal* 39 b 13, *nostre est donc la necessité* 88 c 11, *ne t'esmerveiller pas donc tant* 20 c 10, *Porquei moi voez tu donc charger* 56 d 19, *Quei porront donqes guaaingnier* 146 b 30, *ne vot pas donqes s'oreison | Finir par la beneicon* 84 d 13—,

5

Pierre, as tu donc en obli mis | Ico qe li prophete dit 90 b 18—, *ne lu porent donc plus tolir | Fors tant com xot de gré guerpir* 96 a 33—. *ja* (after the verb): 85 b 16, 117 d 33, 49 c 31, 49 d 7, *ors* (after the verb): 49 d 14.

In negations *onc* (which usually precedes) oftens follows the verb: 22 c 13, *onqes* 31 a 18, *onquors* (after the verb) 95 b 20, *onqores* 138 b 11, etc. etc.

VI. METER

54. The verse is composed either of eight syllables with masculine rime or of nine syllables with feminine rime. The latter comprise about 35% of the verses.[1]

(a) Mute *e* when the next word begins with a vowel is regularly elided: *E vie e voie e verité* 58 b 24.

(b) The particles *qe* and *ne* in hiatus either elide their vowels and are graphically fused with the following word or according to the requirements of the verse retain their vowels. *Q'en itale hore l'apelast* 59 a 29, *Q'oel n'est pas bel ne avenant* 32 d 24, *Jesqe tant q'il fut enterre* 124 b 25, *Q'a son enfant renges la vie* 57 a 16, *Que il n'arsist trestot en cendre* 18 a 18, *Qe co qe is de Deu disoient* 12 a 31, *Car co, qe est a homes haut, | A deu est bas e petit vaut* 20 b 29, *Qe entre les tantes vertuz* 59 d 19 *N'ert meins sa charité aperte* 64 a 24, *N'a none onc ne fut tant hardi* 79 c 35, *N'or ne argent ne autre aveir* 121 b 16, *N'avant ne ariere guenchir* 80 d 12, *N'une part ne autre guenchir* 73 c 20, *Ne as fenestres ne as us* 86 d 8, *Ne ciel ne terre, mer ne eir* 59 c 25, *Ne a plancon ne a semence* 73 b 1; *se* in the phrase *fait se il* often has syllabic value: 10 c 34, 112 d 25, 20 b 26, *molt sumes, font se il, grevez* 40 c 7 (cf. § 38, note).

---

[1] The "Invocation" and "Oratio ad Trinitatem" consists of verses containing 10 or 11 syllables without cesura

(c) The particle *si* (Latin *sic* or *si*) occasionally retains its vowel in hiatus: (sic) *si ad* 21 a 4, *si en* 101 b 36. (si) *si il* 12 a 11, 13 a 34, 101 c 27, *si ele* 120 a 27, *si hoem* 20 b 34.

(d) *sa* is rare in hiatus: *mais ne pot sa ire atemprer* 26 c 6.

55. Pretonic *e* must be suppressed in pronunciation in the following verses (if we assume they are correct): *Plus est deceu par menteors* 20 c 15, *La terre tint le receu cors* 53 a 33, *Ais lors quant ot receu l'abit* 88 a 15, *Perdirent tot l'avoir q'is eurent* (is may be suppressed) 49 a 34, *Tu es cil qui soul m'as qeneu* (in rime with *venu*) 22 a 6, *Cil lui moustrent qi l'ont qeneu* 21 d 4, *Tot cil a qui il fut qeneu* 16 a 10, *Benoit a lor pastour esleurent* (e in the manuscript is intercalated) 37 c 3, *E plus creurent sis compeingnon* 42 b 4, *Qui deissis qe ton sie mettroies* (vers aquilon) 68 b 33, *Com s'il deissist apertement* 61 b 13, *Vienge a la porte seurement* 77 c 31, *Mais einsi avoieément fist* 79 d 1 cf. *Mais tant font les verluz rerment* 11 d 3, v. Stimming (B. de H XXXIV).

55 A few examples of crasis may be mentioned here: (jo) *joen* (= jo en) 34 a 25, *jen* 63 c 26, *jonc* (= jo onc) 44 b 8, *joccis* (= jo occis) 65 c 22, *joi* (= jo oi) 29 c 24, *jo ai* 12 b 18, *giere* (= jo iere) 114 b 30, 131 a 4, *jol* (= jo le) 46 b 3, *jos* (= jo les) 63 b 23, 97 c 33, (ne) *nel* (= ne le) 25 c 1, 83 c 35, *nes* (= ne les), *quis* (= qui les) 103 b 36, (co) *co est* 138 a 4, 139 a 28, 96 a 35, 110 c 16, *icest* (= ico est) 12 c 5; (si) *sil* (= si le) 15 c 12, *sis* (si les) 101 a 26, 39 c 32, *si ert* 17 b 2, 31 d 8, *siert* 87 d 21, 94 a 30, *si est* 94 b 21, *est* seems to lose its syllabic value after *qi* in the following verse: *Comment! Qi sui jo? E qi est cist?* 50 a 4.

56. The verses which can not be explained by the

preceding principles are here recorded. *ele* and *cele* are usually dissyllabic before consonants but the monosyllabic forms *el* and *cel* are sometimes found in the manuscript before vowels and consonants: *el* 18 b 3, 88 a 9, 90 b 33, 67 a 11, 33 b 29, 94 b 30, 112 c 6, 117 a 2, 117 a 16, *cel* 116 d 28, *icel* 150 a 19 (v. Grober's Grundriss, Band I, p. 626). In the manuscript the forms *ele(s)* and *cele(s)* must be replaced by the monosyllabic forms *el(s)* and *cel(s)* in several verses: *Quant ele lui vit soul departir* 34 b 17, *Lor manda s'eles ne s'amendassent* 52 a 31, *A Dé por eles offrir feras* 52 c 17, *De cele qui tant ere angoissouse* 15 a 1, *Com cele qui molt ert angoissose* 34 c 7, *Com cele qui seintement vivoit* 70 c 16, *Com cele qui fut sospeconouse* 91 b 29, *Car celes en fauses joies naissent* 116 d 7, *Com cele qi toz tens soi garda* 118 c 4, *Com cele qui ere al congie prendre* 119 b 9, *Com cele la qui seinte creue* 119 c 19.

56 *Naient* appears to be monosyllabic in the following verse: *Jesq'ores quidoie por naient*. *Naient* is regularly dissylabic in the Dialogues. We may read ors (18 c 12) for ores.

57. The following verses may be reduced to the correct measure by changing the order of words. *Si doit tale estre sa chiere* (read *Si doit estre tale sa chiere*) 33 b 28. (*li chemin*) *Qius amenot al sozterrin* (read *Q'amenot jus al sozterrin*) 83 a 26, *Si qe tant d'aeve en eissit* (read: *Si qe d'aeve tant en eissit*)

58. The following verses may be reduced to the correct measure by the insertion of a word or syllable: *El trentisme la siguit* (read: *El trentisme jor la siguit*) 117 b 35, *Mais negun avra mestier* (read *mais negun n'en avra mestier*) 77 c 29, *Plusours sainz passer voion* (read: *Plusours sainz passer nos voion*)

13 b 7, *Estortre maes ne porrez* (read: *Estortre maes ne vos porrez*) 16 d 11, *L'abbe Equice araisna* (read: *araisona*. cf *araisone* 10 b 7) 18 b 16, *Ne qui ne desesperast* (read: *ne qui ne se desesperast*) 22 b 25, *Mais ne fut pas de merite | La veire gloire concelee* (read: *mais ne fut pas de son merite*) 96 b 1, *S'ourerent De tant ennui | Qe li maufe del enfe issit* (read. *S'ourerent Dé en tant ennui*) 99 a 12, *En son sain les lui lancot* (read: *En son sain les besanz lancot*) 26 c 33, *Qui de chants porte estrument* (read: *Qui de chants porte l'estrument*) 61 c 7, *Tant plus del voir forvoiroie* (read. *Tant plus del voir forvoieroie*) 62 a 4, *Le qui cors tant avila* (read: *Le qui cors tant par avila* cf *tant par* 24 d 2) 20 d 6, *Hoem dit qe beau chants ennuie* 61 c 1 (read: *li beau chants*).

59 The following verses are too long: *Entre les arbres de Paradis* 106 c 4, *Oeire ta bouche si l'emplirai* (read. *Oeire ta bouche e l'emplirai*) 10 c 20, *E estrangement s'esmerveilla* (omit *e*) 25 a 1, *Qe por co q'a veue de gent* 139 c 19, *E li non juste en vont ensement* (omit *e*) 126 d 9. *Don ne disoie jo bien ersoir* (omit *bien*) 20 b 5, *Por la partie des peccheours* (read *le parti*) 132 a 3, *Mais quele renoierie est maire* (omit *mais* or read *quel*) 141 a 13

60. Rimes are often formed by the employment of the same graphic element Different forms containing the same root are frequent: (in verbs) *esproeve proeve* 93 c 1, *enquerre requerre* 11 d 16, *conferme afferme* 22 a 25, *fait fesait* 139 a 17. (in nouns) *aise mesaise* 27 b 9, 38 c 16. *Souzlac lac* 34 d 19 (in adjectives) *desegale egale* 62 c 29— (in different parts of speech) *avoir* (noun) *avoir* (verb) 14 c 2—, 55 d 33—, *Benoit benoit* 33 d 20. (with different but kindred meaning) *message* (message) *mes-*

sage (messenger) 45 a 15—, (contre) *mont* (li) *mont* 43 d 25.

Homonyms occasionally occur: *monde* (world) *monde* (free) 66 c 31—, *vit* (vivit) *vit* (vidit) 74 d 17, *iere* (eram) *iere* (ivy) 19 d 13—, *pere Pere* 131 d 11—, *sai* (sapio) *soi* (sĕ) 22 a 12.

VII. ACCENT.

61. We here present a specimen of our text with the black accents which we will indicate by the acute and the red accents which are indicated by the grave

1 147 a 31.

Dés órs celèr máes nè vos quíer
Co q'àvínt en nòstre móustier,
Passèz sunt ja treís anz del tèns
Uns mòine í èrt phìsìtièns,
Jùstus pàr nom, de fàme entríne,
Bíen aprís del àrt de mescìne,
Quì selt a mòí sovent servír
Pòr mès enfermetez garír,
Tant q'il mèisme sanz retóur
Chàıt en ùn mortàl làngóur.
Com toz ferons, quànt De voldrà,
Sı lu servìt è mìnìstrà
En s'ènfermetè sıs gèrmem frère
Quí Copìosùs clamèz ère.
Phìsìtıèn tòt ensemènt,
Quì onqor òre honèstèment
En cèste vìle par phìsìque
Gààıngne son vívre en pràctıqe.
Lòrs, quant sentít qe de là mòrt
Ne pòt avèır negun resòrt,
Copíoson, son frere aınz dìt,
Apèlòt e lù regèhít
Qe trèıs besànz òt concèlèz
Còntre son òrdre è estòıez
Entre ses boistes en repost.

La nòvele ert séúé tòst
Par cèl encloístre è depoepléé
Car ne pòt estre concèlèè
Entre nòs pàs mòlt longement
Maís li frère lors soutìfment
Tòtes ses mescìnes cerchèrent
E ses boistes tànt q'ìs trovèrent
Les trèis besànz en ùn drapèl
É, sàchèz, ne mòi fut pàs bèl,
Des quant einsí gràntmal savoie
Del frère qui jo molt amòie,
Molt fui màrriz è irascù
Por q'èntre nos fut avenu
Tant grant desordre e tant grant màl
Car, sàchez, nostre òrdre ert ítal
É là rèille de la meìsòn
Q'enz en la congrègàtiòn
Ònc à nuli por nùl aveir
Propriéte ne lut aveir,
Àinz èst tòt quanqe Deus i donc
Egàument partì commone,
Segon q'is sont plùs bèsoingnóus
S'en fui pensifs e angòissóus
É èntreprìs, co vos afì,
Comment lu pùesse faire èinsi
Qe lì mourant fust espurgiéz
È li vivant edefiéiez,
Tant q'à la fín Prècioson,
Qui priour ert de la mèison,
Màndai si lu dìs 'Tost và t'èn
E á toz tès frères defén
Qe negùns ne sèit tant hàrdi
Q'a lu pàrout mot ne demì
Ne lu fàce negùn confòrt
Màis al deràin point de là mòrt,
Quant ses frères demànderà,
Sis charnàl frere a lù dirà
Qe pòr les treis besanz celez
De lor commùne est enjètez,
Si[1] serà, si devient par tant,

---

[1] ut saltem in morte de culpa sua mentem ipsius Amaritudo transverberet atque a peccato quod perpetravit purget (Forster's Edition, p 274).

Sòveáus en là mòrt, repèntant.
Si lui vàudrà la repèntànce,
Póet cèl estre, à grant alejànce
Des pèines è la confùsòn
À sès pecchìez purgàtiòn
Pùes quant il sèra deviéz,
Son còrs en un femier jèttrèz
È de sus luí sès trèis besànz,
Trestòz ensèmble, en hàut criànz:
"Ta pecùne od tòi ensemènt,
Sanz fin sèit tòte en dampnèment.
De tèrre à tànt lu còvrírèz,
Car àutrement n'èrt entèrrez
Cés déus précepz vòil commandèr,
Pòr qe l'un peùst profiter
Al morant frère è l'àutre as vis,
Qe sì com orèndreit vòs dís,
Lu mòrt l'amértume asousìst,
È às vivànz defèndèsist
Li dàmnement de là jústice,
Coveitise è male avarìce"
A quei plus lonc sarmòn feròie!
Fait fut einsi com comàndòie
Dòm icil quant la mort sentìt
E tresbien s'apercùt è vìt
Qe nul òd lùi parler ne vòt
Ne nìs vòier ne lu deingnòt,
Màis qe chasqùn luí despisèit,
Si com sis frere lu disèit,
Ses pecchiez prist a regrettèr
Pleindre, gehìr, gemír plorèr
De tòt quèr tant àmèrcment
È tànt par angoissousèment
Qe molt sèreit dùr de pecchìe
Qui n'en peùst aveir pitie.
Lors èn cel dòel del còrs èissìt.
È, sachèz bién, si còm jo quít,
Del pecchíe la grànt amertume
À s'alme crèit grant souàtùme.
Pùes fut el femier entèrrèz
Tot einsi com l'oi devisèz,
Car n'en òt àutre sepultùre.

62 Meyer (p. 208) says: «Les noirs paraissent avoir été écrits par l'écrivain, en même temps que le texte, avec l'intention de marquer 1° les toniques 2° les ı. Mais bien souvent ils font défaut dans l'un et l'autre cas. L'addition d'accents rouges paraît avoir été le résultat d'une révision qui ne s'est pas étendue à la vie de saint Grégoire. Le réviseur paraît du reste avoir dépassé la mesure et mis des accents là où il n'en fallait pas »

The translation was not intended for scholars who could read Latin but for the laymen. Angier seems to have employed the accents to facilitate the reading. We are not prepared to deny that accent does not come into consideration but certainly it is subordinate. The accents are used to prevent the confusion of letters when close graphic connection might obscure one of them. Angier is very anxious to make the translation accessible to as large a number of readers as possible. The manuscript is carefully written. The black accents are less numerous than the red.

63. The accent marks the letter ı when it is found before or after other letters which might be confused with it: (after u) ıil 9 d 2, rienge 17 c 29, acuilli 26 d 22, quier 31 c 18, avis 32 d 15, lui 37 d 32, celui 40 a 34, ui 47 b 36, qui 66 b 33, ıis 99 c 30, benòisquit 104 a 15, vint 146 d 5, (before u) saive 10 a 7, Julien 28 a 19, lıu 35 a 20, jus 36 b 23, diversemènt 111 b 13, jugoient 128 b 6, arıvà 43 d 31, (before or after g, l, n or m) sein 15 a 19, ignèl 88 b 18, romain 19 a 27, entrainement 34 d 34, fin 43 a 12, mourine 62 b 2, meins 95 a 21, venjance 26 d 28, diffinition 111 b 20, claime 22 c 33, miez 39 a 29, (before or after r) avoir 14 c 1, voir 24 c 12, atraire 30 a 17, salveir 146 c 10, escrit 73 c 11, esperit 10 a 17, terriene 81 b 4, dirài 98 b 11, cloistrier

151 b 2; (before or after *c* or *l*) *lis* 36 a 18, *meillór* 39 a 27, *ici* 143 b 1, *iró* 43 a 1, *ci* 26 b 35; (in diphthongs) *orendroit* 55 d 12, *sòient* 150 c 26, *òraisòns* 150 b 12, *moi* 54 a 15, *vait* 16 d 5, *mais* 57 c 6, *Voisit* 44 d 15; (before or after vowels) *òie* 67 c 5, *òi* 147 a 11, *pietè* 85 c 5, *jo* 146 d 29, *jors* 40 b 6, *pàssion* 150 a 10, *eschielètte* 35 b 25. In the above examples it is observed that the accent is found over the consonantal *i* and *u*. The accent marking the i has not been systematically employed throughout the translation. It is often omitted. In the revision red accents partially supplement the missing black.

64. The accent is used to prevent the confusion of the vowels *a, o, u, e*, before or after *nasals, r, i* or *u* etc., and also before or after down strokes

(*a*) *pàrfont* 75 c 31, *árt* 146 a 28, *refusá* 92 b 1, *gás* 127 b 30, *álésèr* 42 c 13, *tànt* 41 c 17, *será* 47 b 33, *apàràgèr* 68 c 7, *davàntàge* 112 a 15, *atachement* 89 a 16, *àbèvrà* 26 d 33.

(*o*) *demóstré* 122 a 32, *Ró ne* 47 b 18, *ó!* 41 b 2, *alòt* 41 c 9, *ói* 112 d 23, *dós* 146 a 18, *respòndre* 113 a 35, *grós* 16 c 15, *mòrras* 104 d 15, *hójes* 10 a 25, *órras* 119 b 29, *lòrs* 22 b 28, *fòisòn* 24 b 33, *mèisòn* 147 35

(*u*) *vertùz* 48 d 19, *fut* 41 b 33, *plùt* 115 c 13, *desmesùre* 101 b 35, *rancùne* 26 c 15, *morùt* 26 d 9, *cùre* 27 d 3, *luxùre* 17 a 33.

(*e*) *sérvant* 43 b 7, *secré* 47 d 25, *privé* 48 d 21, *enchantéour* 17 b 21, *mestrèa* 16 a 4, *èlemènt* 32 c 14, *énclin* 41 b 36, *vìòlènce* 20 d 35, *déttéòur* 54 a 11, *apért* 113 c 11, *qé* 45 a 20, *fér* 18 c 3

The accent over the *e* is especially noticeable in the past participles and infinitives of the first conjugation and in the ending —*té* (—tatem). The accents over the letters *a, o, u* and *e* often coincide with the tonic syllable. They are also frequent in monosyllabic words.

65. Two vowels standing in hiatus; each receives an accent. The accents indicate that both vowels must be pronounced.

(*a* + vowel) *grááble* 43 a 28, *rááncon* 64 b 16, *áúge* 87 d 34, *maúrté* 143 a 26. *áérs* 105 c 13, *áórèz* 94 b 34, *màùrer* 24 d 27, *Balààn* 97 b 15, *pàìs* 18 d 18, *salùàst* 18 d 29, *crùàl* 104 c 2

(*o* + vowel) *pròèchement* 18 d 12, *proéchóurs* 62 a 32, *róónde* 59 c 20, *jóóms* 103 c 11, *jóouróus* 129 a 7, *poèsté* 47 c 27.

(*e* + *u*) *decéúz* 144 c 1, *péú* 141 b 25, *benéure* 142 a 15, *porvéúz* 144 c 2, *zeù* 16 a 34, *eùst* 26 b 16, *sèùst* 27 b 37. *aperceùst* 27 d 27, *esleùz* 43 c 9, *rèùsez* 17 b 15. *peléúre* 46 d 25, *bèneùré* 90 d 21.

(*e* + *e*) *pricéément* 77 d 31, *sóudéément* 58 d 26, *segréément* 76 c 4, *noméément* 110 a 15, *ordenèèmènt* 15 c 34. *porpensèèmènt* 19 b 26. *nomeèment* 21 a 16, *osèèment* 106 b 1, *adessèèment* 91 c 5, *esragìeement* 22 b 15, *àuneès* 23 a 28, *àunéés* 80 a 22, *destinéés* 24 b 9, *depóeplèè* 21 b 11, *depóeplèé* 147 b 21, *aciléés* 12 b 14

66. The first vowel of a diphthong regularly receives an accent.

(*au*) *máus* 126 d 2, *abondàument* 25 b 17, *leàument* 97 d 19, *làudes* 15 c 30, *bòιàus* 99 b 9, *hàuz* 16 a 11, *erràument* 101 a 29

(*ae*) *reιáele* 143 d 35, *náessues* 144 b 24, *náestra* 144 b 2, *cráestra* 130 a 8, *máes* 11 c 19, *páes* 14 b 14, *esláes* 99 a 29. *áειóuse* 100 d 32, *pláesìr* 21 b 16, *dáes* 19 c 25, *sáele* 19 a 1, *sáelme* 24 a 4, *chàesne* 19 a 4. *fáes* 19 c 24, *dàestre* 13 a 9

(*ai*) *traιáιlla* 120 a 4, *plàιst* 30 b 29, *ràιson* 48 d 17, *fàιlle* 149 d 21.

(eau) *bèaute* 17 c 24, *béau* 51 a 33, *sóvéaus* 142 b 1, *chasteals* 18 d 20.

(ou) *cóustóus* 42 a 7, *cóustòus* 37 d 20, *póouróus* 19 c 12, *sórcóurt* 43 c 22, *soufreitóus* 54 b 23, *labóurèr* 77 c 9, *móustrée* 110 c 4, *vóudras* 105 a 10, *dóutance* 106 b 34, *sóul* 124 a 22, *escòutà* 73 d 16, *próu* 151 a 3.

(oe) *demoére* 105 d 24, *próedóem* 18 d 3, *póet* 15 d 23, *avóegla* 115 a 1. *sóelent* 45 c 22, *sóeror* 58 c 11, *móert* 110 c 11, *óevres* 138 b 1, *vóżil* 117 b 10, *fóere* 105 d 23, *qùer* 30 a 22.

(eu) *fèu* 28 d 20, *Dèu* 68 d 6, *déus* 49 b 9, *próeu* 144 c 35.

(ui) *amdùi* 28 a 14, *pùissant* 52 c 34, *condùire* 66 b 1.

(ei) *orèisous* 20 a 34, *voiżit* 44 d 15, *dírrèi* 51 d 35. *acréistre* 61 b 8, *fèi* 151 a 7.

(oi) *renvòié* 29 c 6, *acordóient* 38 b 8, *endróit* 40 d 14, *vóirement* 44 d 28, *vóieit* 46 d 20, *róiste* 54 c 30, *solóit* 56 a 26, *decevóir* 68 d 16, *angóissóuses* 132 c 18, *àvòir* 41 a 19.

67. Certain monosyllables especially homonyms take the accent · *óu* (= or) 100 a 10, 55 c 2, *óu* (= where) 110 a 23, *á* (ad) 38 b 8, *có* 32 c 27, *cò* 151 a 10, *é* (et) 9 c 8, *è* 151 a 21, *Dé* 24 c 27.

VIII. MOTS SAVANTS.

68. Our text offers a rich collection of learned words which are of interest. The Roman numerals indicate the century in which Littré records the word for the first time. The others are recorded before the year 1300 or have become obsolete

abbominable 81 c 26.
absolution 52 c 30
abstinence 119 c 18, astenance 78 b 22.
adversité 121 b 20, 133 d 36
adjoutours 99 a 25, adjutor (XVI) 51 b 4, ajutor 39 d 16
affection 107 a 12
affliction 101 c 22, 23 a 5, 40 a 26.
afliction 80 a 13.
allegations 113 a 34.
amonition 49 c 27
Aquilon 68 b 34.
arcedeacre 69 b 2.
auctorité 12 a 23, 19 a 31, 33 c 18, 133 d 35, autorité 67 c 7, auctorizez (XIV) 10 a 23.
aumosnerie 51 a 20.

benignité (XV) 27 d 22.

capistre (capistérium) 34 b 32.
celestiale 58 a 36.
charité 37 c 18
charnalité 37 a 31, 110 c 30.
coaction (XIV) 95 c 24
cogitation 99 a 21, 38 b 25, 50 b 2
cogitacion 143 d 4.
communale 51 d 20.
communion (XVI) 52 c 28, 115 b 24

compunct 30 d 32, 28 b 10, 98 b 6.
compunction 64 a 19, 99 d 22, 100 c 32.
concinatour 111 a 17.
conclusion (XIV) 111 b 19, 15 a 4
condition 111 d 11, 112 a 13.
condicionaument (XIV) 110 d 34
confection 62 c 9.
confession 129 a 17, 136 c 21
congregation 16 b 1, 17 c 36, 33 d 2, 39 c 24, 117 b 24
confusion 47 c 6, 78 b 12, 110 d 2, 18 a 5, 28 a 31, confuson 147 c 27.
complexions 62 c 10.
consequence 13 b 22.
contemplation 109 b 6, 82 d 27, 38 b 15, 11 a 24, 38 d 8, 85 c 27
comtemplacion 142 c 33.
continence (XIV) 119 c 17, 70 c 13.
contrition 150 a 35.
conversation 75 b 20, 34 a 18, 35 a 3
conversion 34 c 34
convives 111 c 4.
corporale (XV) 21 d 11, 13 c 13
corruption 52 d 1.
coruption 135 c 6
creator 16 d 1
curation (XIV) 67 c 4

damnation 66 b 20, 129 d 20.
deciples 43 c 28, decipliner 40 b 15.
defension 104 d 19, 13 b 6.
dejection (XVI) 68 c 17.
delectation 135 c 5.
demonials 31 b 15
description 112 d 29.
desolation (XIV) 130 d 18.
destruction 49 a 14.
determineison (XIV) 111 d 12
detraction 42 a 26.
devotion 15 a 17. 38 d 22, 67 c 11, 79 a 30, 90 c 27.
dialetiqe 142 c 18.
dicession (death) 72 c 3.
difference 13 b 23, 75 c 20, 111 d 13.
diffinition (XVI) 111 b 20.
discret 86 a 1, discretement 53 b 11, discretion 51 d 24, 59 d 24, 62 c 21, 78 c 5.
dispensation 50 d 12, 139 c 12, 78 c 6.
dissolution 138 a 20.
distance 110 d 22.
distinction 110 d 25.
diversité 125 b 36
divinité 47 d 25
devisions (des aeves —) 99 d 36.
doctrine 57 c 19.
ductor 29 d 32.

edefier 50 d 35, edification 85 d 31, 11 d 23.
element (sea) 32 c 14.
Elephantine (lepre) 80 b 17, 53 c 26.
eloquent (XIV) 81 d 3.
eminent (XVI) 75 a 7.
enfermerie 51 a 19, enfermeté 17 c 22.
entention 29 a 28, 78 a 22.
entrisme 9 c 8
Equite 27 b 7
Ermitoire 107 b 35
escumunger 52 a 33.
eslection 37 d 1, 72 c 27, 138 c 22
espectacle 73 d 35.
esperiment 109 c 4, 110 a 16.
esperement 44 d 27
evangeliste 55 c 15.
excusation 134 c 11.
executours 121 a 25.
exposition 11 d 22, 59 d 3, 118 b 10.
exsecutor 20 b 10.

familiarité 18 b 15.
feminine 58 b 16.
firmament 96 b 12, 59 a 6.
fisitien (medicus) 62 c 8, 116 a 13
fornication 71 a 21.
fragilité 17 a 17
frenetiqe 63 d 17
fructefier 96 c 14

grandisme 31 c 28, 128 b 32, 131 b 3
generale 93 b 20.

habitacle 68 c 26, abitacle 51 c 22.
abitation 43 a 20, 80 d 9, 81 b 30.
Herisie 17 b 16.
hospitalité 29 a 23, ospitalité 84 c 11, 118 a 11
omelis (XV) 121 b 11.
humilité 12 a 18

ignorance 106 b 33
illusion 143 c 14
imagination 135 a 19.
incision (XIV) 76 a 22
incest (XV) 92 b 4.
indulgence 141 d 31.
infernal 100 d 21
infinité (XV) 18 d 26, 46 d 7.
iniquité 49 d 3.
innocent 56 c 8.
inobedience 54 c 23, 123 a 23.
inobedient 73 c 26.
inquisition 111 a 20.
interpreteision 144 a 24

laudes 77 b 24.
legion 28 c 4.

misericorde 64 b 8, 93 c 19.
misericordious (XVI) 114 d 24.
moralite 3 a 3.
mortalité 110 c 29, 125 b 5, 125 d 5.
mutation (change of mind) 120 b 17

necessité 68 c 11.

obedience 77 a 36.
obit (obitus) 58 c 13, 130 c 4
oblation 52 b 28, 91 d 13, 148 b 30.
occasion 25 b 35.

occision (murder) 75 d 15
occupation (XV) 99 c 35.
officines (officinas) 51 a 23
omicide 32 a 8, 122 d 33.
omnipotent 2 c 6, 31 a 2, 40 d 3,
   58 a 18, 67 c 14, 70 a 7, 76 a 26
onction 2 a 8
opinion 42 b 3, 80 c 36
option (XVI) 131 a 10.

pater 130 a 1
patricien (XIV) 58 c 35.
pascal (al samadi —) 30 d 11
   (XVI), De la — sollempnete 35
   c 33.
penitence 32 b 11.
perdition 47 b 18, 85 d 32, 68 c
   18, 92 a 36, 121 c 22.
perfection 123 b 16, 34 c 33, 142
   a 35.
permission 90 d 1, 2 a 11.
perpetual 62 a 8, perpetuite 110
   d 6
persecution 92 b 22, 92 c 22, 63
   d 24, 74 b 13, 87 a 36
persecutor 43 d 12.
petition 99 c 13, peticion 17 c 4
piete 29 a 24, pitious 107 b 1.
phisiqe (drenching of land by
   rain) 81 d 24
plectron 61 c 12, 15.
preces 127 d 17
portion (XIV) 38 c 2.
possessions 77 a 29.
predestination 24 c 13.
predication 85 b 9, 95 b 28, 17
   c 20, 39 b 4
presomtion 28 b 19
procession 28 a 30.
procurator 39 d 17.
promission 24 b 34, 78 c 25
pronuntier 48 c 22.
prophetie 20 c 12.
prostration (XVI) 57 a 4, 79 b 11,
   99 a 10, prostracion 105 b 15.
protection 76 b 18, 87 d 12.
psalmodie 40 a 24.
purgation (XIV) 137 d 33, 147
   c 28
purisme 150 b 8

qualitez 62 b 10.
quiete 42 d 34

reclusoire 107 b 36, 84 a 23.
refection 35 c 1, 100 b 14.
refectoire 51 a 18.
religion 12 d 20.
religious 114 c 16
remission 137 d 34
resurrection (XIV) 85 b 31, 123 b 1
rethoricnes 33 b 9.
revelation 123 d 36, 124 b 36,
   139 b 28, 125 a 24
reverence 28 a 29

sacrileges 93 a 28.
sacrelegious 70 d 8
salvation 52 b 27, 66 b 19, 77 d
   18, 78 b 11, 138 b 19.
satisfaction 66 a 30, 72 a 36, 129
   a 18, 138 a 19
seintisme 58 c 15, 80 d 31, 85 c 4,
   90 a 12, 90 c 13, 99 b 2, 79 a 18
simplicité 101 a 21, 115 b 10
sincope (XIV) 99 b 6
societe (XIV) 16 a 30.
solitaire 79 a 29.
sollempneté 35 c 33.
soubite 17 c 22.
subduction 78 a 14, 53 b 8
subgez 88 c 13, subjection 36 d
   24, 39 d 7, subjet 41 b 36.
subtilite 123 d 31
subtraction (XIV) 106 c 30
superfluite 143 c 11.
supin 83 a 5.
surrection 85 d 19, 110 d 1, 31 a 9.

temptation 70 c 20, 17 a 21, tem-
   tation 37 b 23, 57 b 11, temp-
   taison 17 a 31, temteison 71 c
   33, 36 c 22
tenebres 67 b 15, 109 b 12.
tresgrandisme 37 b 28
tribulation 138 b 7, 95 a 34
trins (ad Trinitatem) 2 c 2.

umilia 52 d 27, umilité 90 c 4
uxour 125 a 36

IX. GLOSSARY

A list of the most noteworthy words and forms wanting in Godefroy is here added

aconseues (Car par tant sont —) 11 d 27 (Vertuz is the understood subject).

acouruz (de doel) 67 c 1. v. Meyer, p 204

agraventees (Les hautes tours — | De la tempeste e esquassees) 47 c 3

aguz (Les oilz del quer ot tant—) 68 d 13.

aiuable 99 a 35, helpful.

ahees (Amené fut a granz —) 127 d 35, cries of anguish.

angelien (— esperit) 110 c 16.

apuailz 94 a 7, fastenings of a door.

asaouler (— lu quer) 73 d 32, satisfy

asegurance 100 a 28, assurance.

asegurement 18 c 9, in security.

atil (Si atournerent lor —) 64 c 33, prepared for their return

baees 131 c 13, wide open (Les goules de tormenz —)

baeiller 68 b 17, bleat (of sheep).

bestelin 74 a 9, 36 a 35, of a beast.

boucel 102 d 18, leather bottle for oil (utrem) Cf. bocel (G.)

bouchet 12 c 28, bucket.

charoingne 129 b 34, 123 a 11, flesh

cimbes 25 d 26, cimbala.

clavees 19 d 2, with nails (of shoes).

covercon (par fause —) 144 c 11, ex aliqua falsitate.

croissingnot 3 sing. imperf. 68 b 16, squeal (of a rat)

dazaise 22 d 26 (Car molt lor fust li leus a aise | Si ne fust la roche. — Grober suggests desaise.

deienast 143 c 28, deceive

demagla 3 Sing. perf 125 c 34, mangle.

desbecher 77 c 16, finish spading (a piece of ground).

dessirez 77 d 15, torn (of a garment.

dom = dont (frequent) 64 d 28, 102 c 24

es 91 b 13, 91 c 4, bees.

Ecamonie 62 d 4 (car la plus forte maladie | Demande plus —).

— 83 —

falemesche 86 a 24 (S'arstrent tot quanq' is i trovoient | En poudre, en —, en cendre
flatel 26 a 8, blow.
fosseour 83 c 3, shovel

gande 46 a 36, deceit, Excuse? («Donc», dist cil qui ot la viande· «Compaing» fist s'il, «or n'i a gande») [1] Also 80 c 6 sont co gandes?
giesee 76 c 34 (Une giesee lui asist | De pleine paume enz en la giese),[2] gise 55 b 28, (Une bufte lui a asise | De pleine paume enz en la —) [3]
giste 124 b 20, death.
grommir 68 b 7, grunt (of a hog). v G. under grogner
guai 132 a 29, the licentious (Li guai ensemble od lu lechiere, | Chasqun per a son per pecchiere)

hanepon 41 c 24, cupful
het 94 c 30 (Si fut seu par itant lors | Qe li ord malingne maufe | D'iloec eissit, het a mau gre) Grober suggests et.

jolivesces 81 c 13, joys

karqeins 95 c 38, (E de — charger lu col), carqeins 148 d 23 (v G. under carcan), iron bands

lable 9 c 8, weak.

(en) maladit (in rime) 90 b 12, 96 c 3, 116 a 7, Soudeement en maladit | S'eissit del cors tant plus segur 142 d 34 —
matingnon 77 c 22, reward for morning's work, dinner.

maurance 27 a 27, maturity, maurté 119 c 20.
meaunonot 3 sing imperf. 68 b 15, mew (of a cat)
muslon 19 c 4, a bit of haying (Qui leus cel muslon appareille), muslonet 19 c 26 (Quant avrai fait cest muslonet)

narilles 32 a 34, nostrils
noiere 63 b 15, swimmer
nutun 63 a 33, nuitun 68 b 14, a kind of demon. v G under nuiton.

oblee 52 c 13, offering.

parestable 15 a 37, persistent (of a woman)
parlesie 90 c 19, 118 c 34, paralysis
paumoire 91 c 11, ferula
peone 63 a 28, walks, wades (in a river)
polmentage 22 d 17, vegetables.
prous 54 c 30 (Haut, roiste e rude, aspre e —) Grober suggests perrous

qouchle 99 b 36, a kind of coat

resazir 26 b 12, satisfy.
romangeour 72 c 18, (mulionem) mule-driver, romangre 72 c 29
roncinei 36 c 26, a thicket of thorns

sarcu 58 c 17, sarcophagus
sementage 73 b 22, crops
(de la) seurondierre 26 a 6, (de tecto) roof
sorreistre 140 a 26, to rise from the dead (of Christ), sourdeir 107 b 18, to rise, appear.

---

[1] There is no excuse (for refusing to eat).
[2] Virum Dei alapa percussit.
[3] Ei solummodo alapam dedit

souzpezain (— eschamelet) 15 c 10, (scabello suppedaneo) foot stool

sumpne (d'un grief —) 85 a 4, de gravissimo somno.

tecchelee (sa char —) 54 a 34, spotted, marked with leprosy.

treppiege (Qui aportot corn e —) 55 a 28, qui refers to the devil

truboilz (seculers —) 121 b 21, the trials, temptations of the world

usleure 86 b 10, burn, (in a garment).

vaiant (en l'eir —) 105 c 14, remaining fast.

Verteueles 94 a 11, bars of a door.

vious 113 c 20, full of life.

voutable? (Od chiere rovente e voutable) 60 b 28.

voonge 10 c 2 (Envious soi meisme ronge | Premerement e pues voonge | Sour autrui tote sa malice).